【暢銷經典版】

圖解無上瑜伽

金剛乘脫離輪迴的最高修行密法

張宏實 著

什麼是「無上瑜伽密續」?

無上是「無法超越其上」,

瑜伽意思是「相應」,

密續是指「相對於顯教經典的祕密經典」。

更進一層的解釋是:

密續是源自於梵語Tantra一詞,也音譯為「坦特羅」,

它是金剛乘典籍的統稱,

其中以「無上瑜伽密續」最具代表性,

也就是說在眾多的金剛乘典籍中,最高級且

無法超越的就是「無上瑜伽密續」。

無上瑜伽的特色——能量與意識的轉化

無上瑜伽（或稱為無上瑜伽密續）是金剛乘的最高修行密法，揭示脫離輪迴的關鍵途徑。此法極難修持，修行者必須經過數十年的苦修，金剛上師才肯傳授此法，因而常被人們視為是一種祕密修行。

無上瑜伽教法的修行關鍵在於「轉化」，瑜伽行者多年修習，到底要轉化什麼呢？

1. 轉化能量：把迷妄能量，也就是三毒「貪、瞋、痴」或欲念，轉化為證悟的能量，體悟智慧。

2. 轉化意識：把「粗重意識」消融轉化成「細微意識」，讓人有機會瞥見根本明光，體悟最高的空性境界。

整個轉化過程，不僅止於心理層面的觀想，更強調生理層面的操作，也就是運用身體「氣、脈、明點」的運作技巧，練習能量與意識的轉換。大家耳熟能詳的氣瑜伽、拙火瑜伽、四喜瑜伽等等都是屬於這類生理運作的方法，能引動修行者體驗到與生俱有的喜樂。

瑜伽行者平日如此不斷的演練，為的就是等待臨終死亡的那一刻來臨時，能透過自己這一世的身軀，瞥見並體悟根本明光而脫離輪迴，達到清淨解脫的境界，這就是藏傳佛教所說的「即身成佛」。

▶勝樂金剛壇城
壇城是無上瑜伽密續修行者進行觀想與學習的場域。瑜伽行者觀想壇城，體內會產生奇妙的感動力。勝樂金剛壇城，常被人稱為「極樂之輪」，「極樂」一詞說明進入這個壇城可獲得極大的喜樂，「輪」代表整個壇城在視覺上如何轉動。中央主尊是勝樂金剛與紅膚的金剛亥母。（倫敦Fabio Rossi提供）

密集金剛——密續之王

無上瑜伽密續共有五部典籍,形成時間約在西元八至十一世紀間。五部典籍同時也被「擬像化」為五位佛陀,分別是:密集金剛、大威德金剛、勝樂金剛、吉祥喜金剛和時輪金剛,統稱為「五大金剛」。

五大金剛的造型有兩個共同點:一、他們都是多面多臂多足,並持有不同的法器,象徵各自擁有著不同的法教;二、他們都呈現佛父擁抱佛母的雙修像,表達以愛欲來引導修行,金剛乘認為愛欲透過適當的運用與轉化可以成為證悟的工具。以下先來看密集金剛的教法特色:

密集金剛,梵語Guhyasamaja,藏語gsang vdus,可助人將五毒「貪、瞋、痴、慢、疑」轉化成五種智慧。密集金剛被視為「密續之王」,據說了解密集金剛密續,就能輕易了解其他的密續。

西藏學者塔克桑(Taktsang Lotsawa Sherab)曾將無上瑜伽密續分成三類:父續、母續與不二續。父續主要適合瞋重的修行者,母續適合貪重的修行者,不二續適合痴重的修行者。而密集金剛屬於父續,適合瞋重的人修行。

▌圖像特徵:

❶ 佛父與佛母均呈跏趺坐姿。
❷ 佛父的6隻手臂持物分別是法輪、金剛鈴杵、摩尼寶、蓮花與劍,即佛部、金剛部、寶部、蓮華部與業部等五部的象徵物。

▌教法特色:

教法:父續
代表:方便
適合對象:瞋重的人
主修教法:幻身瑜伽
所謂幻身(Illusory Body)即是最細微意識與氣而形成的色身,修行者透過最細微意識與氣的修持能成就佛的色身。

▶密集金剛唐卡
(徐盼蘋小姐提供)

大威德金剛——死亡的終結者

大威德金剛，梵語Yamataka，因此又譯為閻曼德迦，意思是「死亡的終結者」。屬於父續教法。

密集金剛著重幻身瑜伽，勝樂輪金剛著重明光教法，大威德金剛則二者並重。大威德金剛頭上的兩個牛角，便是代表無上瑜伽中的「幻身」與「明光」的教法。而閻曼德迦的三十四臂加上身、口、意，代表三十七道品，是顯教義理的總集。

▌**圖像特徵：**

❶ 9面34臂16足，主身藍膚，34臂與16足均成向外放射狀。

❷ 9面包括「1牛頭，7忿怒面，1菩薩面」，象徵宇宙中心與其八方。

❸ 佛父擁抱智慧佛母「金剛露漩」，象徵悲智合一。

▌**教法特色：**

教法：父續

代表：方便

剋除：死亡

主修教法：大威德金剛教法

可驅除三種死亡障礙：

❶ 「外的死亡障礙」：非正常的死亡，如意外死亡、猝死。

❷ 「內的死亡障礙」：迷妄與心的顛倒。

❸ 「密的死亡障礙」：體內微細的氣脈阻滯所造成的精神異常。

▶大威德金剛雙修像（世界宗教博物館提供）

勝樂金剛──極樂之輪

勝樂金剛，梵語Samvara，藏名bde mchog，亦稱為「上樂金剛」或「勝樂輪金剛」。勝樂輪意思是「大樂之輪」，表示修習勝樂輪的瑜伽系統，可將生活的種種經驗轉變為大樂之輪。

勝樂金剛屬於母續教法，闡述明光教法是最為完滿的方法。

據傳說，釋迦牟尼佛曾在西藏西南的岡底斯山山頂出現，他化身為本尊守護神勝樂金剛並生起其壇城，傳授密乘教法給印度破壞之神濕婆和雪山神女。

勝樂金剛的四個面容代表四種佛行事業：息（清淨）、增（增益）、懷（權勢）、誅（忿怒）。每一面有著略微不同的表情，表示瑜伽行者不同的需求而示現不同的證悟。

▋圖像特徵：

❶ 佛父有4面12臂2足。

❷ 佛父主身藍膚。擁抱裸體的紅膚佛母金剛亥母（梵語Vajrahi，藏語rdo rje pha mo）。金剛亥母象徵清淨無染，1面2臂2足。

▋教法特色：

教法：母續

代表：般若(智慧)

適合對象：貪重的人

主修教法：明光瑜伽

人在睡夢或是死亡過程都有機會見到明光，把握瞥見明光的時刻是證悟的關鍵，此法是除去妨礙明光出現的障礙及污染的教法。

▶勝樂金剛唐卡
（陸美麗小姐提供）

吉祥喜金剛——透澈洞悉自我的迷妄

吉祥喜金剛，梵語Hevajra，藏語dgyes pa rdo rje，又稱「歡喜金剛」、「飲血金剛」與「呼金剛」，屬於母續教法。

吉祥喜金剛和無我母（Nairatma）呈舞蹈狀，表達男女兩性親密關的大樂形態。

佛父手捧十六個裝有動物與天神的嘎巴拉，都是智慧的象徵物，象徵吉祥喜金剛的諸多智慧能使人透澈洞悉自我執迷的妄想，化解清濁、善惡等對立，解脫諸苦。

此教法強調運用「拙火瑜伽」來引動氣脈的能量。

▌ 圖像特徵：
❶ 佛父是8面16臂4足。
❷ 16隻手臂分別捧持白色的嘎巴拉(人頭顱缽)，其內盛有動物與天神。

▌ 教法特色：
教法：母續
代表：般若
適合對象：貪重的人
主修教法：拙火瑜伽
透過修行點燃拙火，並將這股能量穿透中脈，打開糾纏身心的脈結，讓修行者在得到明光的同時，體驗四喜。

▶吉祥喜金剛唐卡，西藏薩迦寺收藏。（王露攝影）

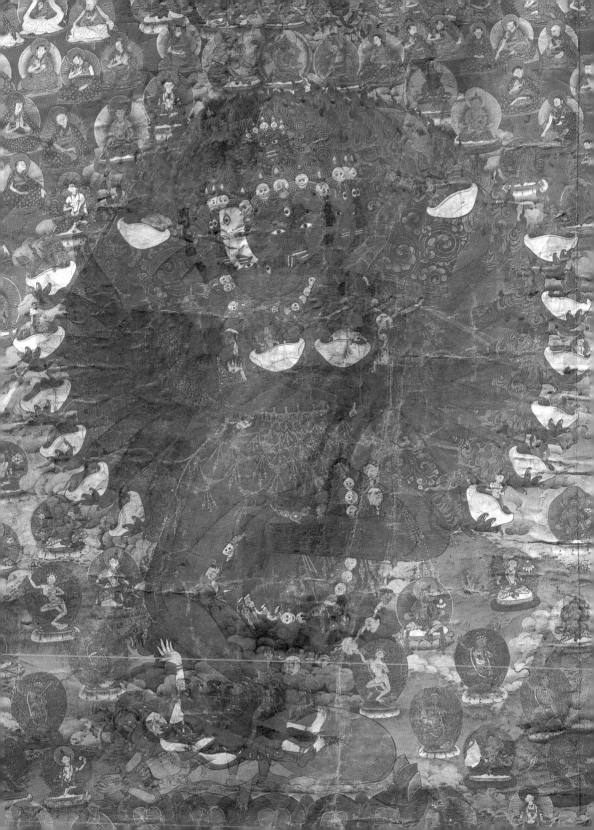

時輪金剛——來自神祕香巴拉王國的密法

時輪金剛，梵語Kalacakra，藏名dus vkhor，屬於不二續教法。

據聞該法源自古印度北部的香巴拉王國（Shambala，亦有認為在西藏或蒙古北方的某一處）。依據《時輪金剛密續》的記載，香巴拉國王目前統領香格里拉國度，在未來的幾個世紀，祂將顯現，為拯救世界而奮戰，促使世界免於暴政，並引導世人進入和平的黃金紀元。

時輪金剛密法認為一切眾生都受困於三時（過去、現在、未來）的迷界中，該法的時輪即代表三時。密法中宣揚釋迦牟尼之上，還有代表一切事物根源的本初佛。

修習時輪金剛法，必須控制體內的生命之風，配合五種智慧與觀想，追求即身成佛。

▌**圖像特徵：**

❶ 佛父佛相擁共舞，宛若探戈舞姿。

❷ 時輪金剛佛父4面24臂2足，手臂數目最多，高達24隻。擁抱黃膚佛母「一切母」（Vishvamata），4面8臂2足。

❸ 手臂顏色變化豐富，有「多彩之神」之稱。

▌**教法特色：**

教法：不二續

主修教法：時輪金剛法

適合對象：痴重的人

修習此法，必須控制體內的生命之風，配合五種智慧與觀想，才能達到即身成佛。

▶時輪金剛唐卡，布達拉宮收藏。（王露女士提供）

掌握「關鍵詞」是
學習無上瑜伽的開始

過去十多年來，我因為參與多次藏傳佛教藝術特展與個人收藏計劃，有很長一段時間與一群喜愛藏傳佛教的朋友進行大量「唐卡」（西藏宗教繪畫）的實物分析。透過一幅又一幅唐卡、一尊又一尊佛像，盡情賞析不同年代、不同地域的藏傳佛教藝術。同時，我也曾接受幾個美術館的委託，建立與佛教藝術相關的影像典藏資料庫，由此，更進一步經由視覺圖像、視覺元素的分析，與相關典籍的閱讀，對藏傳佛教有了更深刻的認識，並在2004年與2005年分別完成了《探索西藏唐卡》與《圖解西藏生死書》兩本書。

◉不可忽視關鍵字詞的重要

在這樣的學習過程之中，無論從圖像分析入手或從典籍閱讀入手，我覺得學習最關鍵之處就是要掌握重要名詞的詮釋與理解，像藏傳佛教幾個關鍵用語「密續」、「本尊」、「護法」、「明光」等等，它們是需要被仔細說明的。如果能對這些名詞有清楚認識，再閱讀藏傳佛教的文章，相信就多點理解的機會。所以每當我閱讀完一本藏傳佛教的書籍，就會將重要的名詞解釋輸入電腦（僅僅利用簡單的試算軟體Excel就行了），日積月累，慢慢增添輸入，竟累積了三千多筆的詞條，若以A4紙張列印出來，也有二百頁之多，都可獨立成書了。我深深覺得，如果無法理解這些重要名詞，想要瞭解藏傳佛教，甚至更深奧的無上瑜伽，的確是有點困難，這便促成了書寫這本書最初的動機——好好解釋藏傳佛教重要的關鍵名詞。像本書一開始的「什麼是無上瑜伽密續？」便是從關鍵詞切入，作為讀者閱讀這本書的一個起始。

◉ 何謂「本尊」？

我在閱讀第十四世達賴喇嘛的重要著作The World of Tibetan Buddhism（1995）時，對關鍵字詞的感受特別深刻，此書有陳

琴富先生的中譯版本，書名是《藏傳佛教世界》（1997），翻譯得相當地精確而流暢。書中涵蓋相當厚重的佛教顯密思想，如果沒有豐富的佛學詞彙基礎，肯定會讀得很辛苦。舉一個最簡單的例子，藏傳佛教的「本尊」一詞，在藏語音譯為Yidam，梵語則是Ishtadevata，這個字詞在西藏或印度是一個常見的用語，但是在中文裡卻很難找到一個恰當的字詞來描述。本尊一詞透徹的理解應該是代表「覺悟或是證得智慧的意義與過程」，這原是個抽象概念，卻以一個具象的擬人化圖像來傳達。於是「本尊」被視為信眾在情緒、感官、領悟與佛教誓言上的最佳模範，這才是本尊真正的概念。（詳見單元43）

本尊
1. 梵語：Ishtadevata
2. 藏音：Yidam
3. 英文：Archetype deity
4. 代表「覺悟或是證得智慧的意義與過程」。
5. 採用擬人化的具體圖像來傳達抽象概念。

◉何謂「生起次第」與「圓滿次第」？

但是，如果只是將類似本尊這樣的字詞以條例式的解釋匯集出版，就像是一本字典，只適合查閱，缺乏閱讀動力。於是，橡實文化的編輯群與我開始進行討論，從三千多個詞條中，篩選出認識藏傳佛教必須認識的關鍵語詞，再把每一個重要關鍵詞或一組組的詞組，採用問題的形式，來提示背後所代表的意義，因此逐漸形成書中一篇篇的文章。

以「生起次第」與「圓滿次第」這兩個常見的詞組來說，許多信

眾看到這兩個字詞時會有陌生、甚至神聖不可觸及之感。其實它們的意思很簡單，生起次第，藏文Cherim，指的是開始的發展階段（Development Stage），而圓滿次第，藏文Dzorim，是進階的完成階段（Completion Stage）。簡單來說，生起階次第與圓滿次第好比是基礎課程與進階課程，修習金剛乘必須經歷這兩個階段。（詳見單元40）

生起次第
1. 梵語：Utpattikrama
2. 藏音：Cherim
3. 英文：Development Stage
4. 修行的「開始階段」，好比基礎課程。
5. 通常以觀想本尊的身形為重點，逐步建立壇城與本尊的具體樣貌。

圓滿次第
1. 梵語：Shavannakrama
2. 藏音：Dzorim
3. 英文：Completiont Stage
4. 修行的「完成階段」，好比進階課程。
5. 透由氣、脈、明點的生理運作，體悟大樂（Great Bliss）、淨光（Clear light）與無二（Non-dual）的經驗。

而不同的密續典籍有不同的生起與圓滿次第，在這本書中會有清楚介紹。讓我們閱讀以下這一小段文字：

在密續經典中最高層級的「無上瑜伽密續」，其生起次第與圓滿次大致上是這樣劃分的：一、生起次第，這是修行的開始階段，以觀想本尊的身形為重點，逐步建立壇城與本尊的具體樣貌，作為圓滿次第的前置作業。生起次第這個階段著重於觀想的能力（Visionization），修行者必須努力使自己的「精神功能」更加成熟。簡單來說，就是反覆地運用想像的能力，訓練在腦海中轉換抽象概念成為具體形象的修行。二、圓滿次第，是密續禪修的第二階段。在這個過程中，瑜伽行者透由體內氣脈及能量的變化而得到大樂（Great Bliss）、體悟淨光（Clear light）與無二（Non-dual）的經驗。

●「基礎閱讀」與「真實體驗」

你會發現上面短短一段文字之中，就出現了金剛乘、無上瑜伽、密續、生起次第、圓滿次第、壇城、本尊、大樂、淨光、無二等十個關鍵名詞，它們不就是一組相互交叉的概念知識嗎？因此，本書除了有字詞的解釋之外，更透過「圖解方式」、「群組結構」來比較歸納、認識這些重要的藏傳佛教思想，深信能幫助讀者輕鬆閱讀，並深入其中精髓。

最後，邀請對於藏傳佛教有興趣的朋友透過這本書，從「開始的認識」（生起次第）與「進階的學習」（圓滿次第），來進行無上瑜伽密續的「基礎閱讀」。為何只說它是「基礎閱讀」呢？因為「真實體驗」是必須仰賴每個人的修行與上師的指導，而這本書則是一本可提供基礎認識的工具書。不過，有了紮實的「基礎閱讀」，相信對於「真實體驗」一定會有很大的助益。

張宏實2009

目錄

認識金剛乘 32

金剛乘被視為大乘佛教的奧祕教法，它跟小乘、大乘有何差別？到底是如何發展出來？有什麼樣的主張？包含了哪些密續典籍？又有什麼樣的修行特質呢？

無上瑜伽密續的思想基礎

金剛乘的修行是在「充分認識空性與意識」的基礎之下，透由「無上瑜伽密續」的技巧，轉換人生的各種體驗成為覺悟的因子。如果能夠認識中觀學派的空性與唯識學派的意識系統，對於無上瑜伽密續的修習將有極大的助益。

Part **3** 臨終是「無上瑜伽」脫離輪迴的關鍵..........104

從「無上瑜伽密續」的教法來說，所有瑜伽行者生前精進努力的目的，都是為了在「臨終」的那一刻有機會進入意識的最深處。那是什麼？就是與生俱有的根本淨光心，就是佛性，就是覺醒的能力。

Part 4 無上瑜伽行者的最高密法

在密乘系統，「脈輪」結合身體就是一座「壇城」，再配合「六大」（地、水、火、氣、脈、明點），使得密續整個生理運作的概念更加完備。而最後是透過各類瑜伽禪定技法，啟動心靈及生理的轉化，達到即身解脫的境界。

你可以這樣閱讀「無上瑜伽」
─十種主題閱讀法

1

認識金剛乘

● **必讀單元：1～10、43 、48、49、50**

什麼是金剛乘（Vajrayana）呢？這點在一開始就必須弄清楚。金剛乘被視為大乘佛教中的奧祕教法，發展於大乘佛教的轉型期，深受印度大乘佛教「中觀派」與「瑜伽行派」的影響，並且融合了婆羅門教的咒術。金剛乘以高度組織化的❶咒術、❷儀軌、❸本尊觀想等為其信仰特徵，而在實踐方法上強調❶口誦真言咒語（語密）、❷手結契印（身密）和❸心作觀想（意密）。

【建議】..
單元1～10完整說明金剛乘思想的演進，其中包含了金剛乘的核心主張──即身成佛（單元3、4、5）。另外，金剛乘重要的修行方法──雙修（單元10、43）、壇城（單元48）、氣脈明點（單元49、50）等四個議題的閱讀也非常有助於認識金剛乘思想的演進過程。

2

認識無上瑜伽的核心主張「即身成佛」

● **必讀單元：3、4、6、13、17**

大乘佛教認為成佛必須經歷無數次的輪迴之苦，以及生生世世不斷努力才能達到。但是，出現在西元五、六世紀的金剛乘卻認為成佛也可以有加速之道。他們認為在修行上能夠達到高層次的人，將擁有極高的證悟能量，可以在瞬間獲得解脫，也就是在現世的身軀之下即身成佛。

【建議】..
單元3、4、6分別就即身成佛的「基本認識」、「修行次第」與「相關經典」做了說明。單元13、17則指出「即身成佛的證悟基礎──意識」的重要性。特別是單元13的文字說明與圖表解說，幾乎可以說是本書的主要輪廓，理解與記住其中的圖解內容，非常有助於整個無上瑜伽的認識。

③

認識無上瑜伽最祕密的「雙修」

⊙ **必讀單元**：10、11、12、34、43、66、67

佛父佛母親密結合的「雙修」形式一直備受爭議，到底意義何在？在密續的思想中，愛欲是生命的起源，也是達到究竟涅槃、終止輪迴的方式，愛欲不應該受到壓抑，因為愛欲的本質與我們存在的本性有關。金剛乘在邁向解脫的道路上儘可能利用欲望的巨大能量，全力地將欲念轉化為空性智慧，這就是所謂的方便之道。

【建議】..

閱讀單元10、11、12、34、43、66、67這七個單元後，對雙修的認識會較完整，同時可避免偏頗的誤解。特別是單元66、67論及在進行雙修時，人體內的基本要素將經歷種種重要變化，即「生命力量的氣進入、停留、消融」於中脈的轉化結果。透過人體基本要素的變化來引動意識的細微變化，此乃「無上瑜伽密續」最特殊之處。

④

認識「無上瑜伽密續」的思想發展

⊙ **必讀單元**：13～26

以龍樹、提婆為首的「中觀學派」與無著、世親為首的「唯識學派」，是印度大乘佛教的雙璧。中觀與唯識的見解都被吸納進當時的密乘，並成為初期密乘的世界觀。如果能夠認識中觀學派的空性與唯識學派的意識系統，對於無上瑜伽密續的修習將有極大的助益。因為證悟能量極高的瑜伽行者，是在「充分認識空性語意示」的基礎下，再藉由無上瑜伽的技巧，把臨終死亡時的體驗轉化成覺悟的因子。

【建議】..

單元13~26連續十四個主題讓你瞭解整個無上瑜伽思想的演變過程，特別是單元26，比較「無上瑜伽」和「瑜伽行派」對「根本意識」見解的異同，以圖表呈現，雖然簡短，卻一針見血地點出兩者的細微差異。

5　認識無上瑜伽的核心力量「轉化」

● **必讀單元：9、20、23、42、62、68**

金剛乘的修行特質是「轉化」，包含潛藏的能量轉化與意識的轉化。轉化的概念並非金剛乘獨一無二的修行方法，印度大乘佛教的一大學派「瑜伽行派」（亦稱為唯識學派），該體系談的轉化是「轉識成智」，將「八識轉化成智慧能量」（詳見單元20）。而無上瑜伽密續教導的是如何「將粗重意識轉化成細微意識」，藉此開發證悟的能力（單元23）。但最重要的轉化是單元68所談的主題，該題完整說明了「慈悲能加速智慧的轉化」，建議讀者不妨細讀。

【建議】...

當一個人能體悟到他人的苦與痛，內心的憤怒與瞋恨就會漸漸消失，這是慈悲在精神層面的運用。然而金剛乘認為對空性有了正確的認識，再發慈悲眾生的菩提心，慈悲便能加速對空性智慧的體悟。請閱讀單元9、20、23、42、62、68。

6　透澈認識「本尊」與「壇城」

● **必讀單元：43～47**

密乘的修行者稱自己的守護神為「本尊」。本尊的正確意義其實是「有關覺悟或是證得智慧的意義與過程」，這個意義原本是一個抽象概念，在密乘中將此概念擬像化，並以佛的形式呈現。在修行者面前，宛若世尊就直接在修行者面前開示，這就是「抽象概念擬人化的表現手法」。

【建議】...

在冥想過程中，本尊地位尊崇，祂被視為是信眾在情緒、感官、領悟與佛教誓言上的最佳模範。在具體形象表現抽象概念這種理論之下，金剛乘堅信佛陀在教導較高層級的密續時，會轉化成本尊的形式，顯現於與修行者相互對應的壇城內。所以，徹底認識本尊與壇城是非常重要的學習課程，建議閱讀單元 43~47 等內容。

⑦

認識「生起次第」與「圓滿次第」

◉ **必讀單元：40、41**

許多人第一次看到「生起次第」與「圓滿次第」這兩個名詞時，會有陌生、甚至有挫折感。其實它們的意思很簡單，生起次第指的是開始的發展階段（Development Stage），而圓滿次第是代表進階的完成階段（Completion Stage）。在生起次第的禪修過程中，觀想本尊形象與壇城重點，主要致力於開展視覺化的想像能力。在完成的圓滿次第中，將由心理層面的觀想轉入生理層面的深層體驗，也就是由「想像階段」過渡到「真實的體驗」。

【建議】..

...在閱讀〈Part 4 無上瑜伽行者的最高密法〉之前，建議先瞭解單元40、41的「生起次第」與「圓滿次第」，有了清晰的面貌之後才可以進入更仔細的閱讀及更深的領悟。

⑧

認識與比對五大金剛的教法

◉ **必讀單元：35～40、42、50、51、60**

特別建議研究唐卡藝術（Thangka）的人，能對五大金剛有深切的認識，這樣才能理解唐卡圖像的深層意義。西藏偉大的學者塔克桑（Taktsang Lotsawa Sherab）將無上瑜伽分成三類：父續、母續與不二續，這是根據修行者在圓滿次第的灌頂所具備的條件來分類。金剛乘認為修行者的三大敵人是三種根本迷妄（三毒），它們是貪、瞋、痴。「無上瑜伽密續」的父續、母續、不二續各有專長來應付這三種根本迷妄。一般而言，父續主要適合瞋重的修行者，母續適合貪重的修行者，不二續適合痴重的修行者。無上瑜伽密續的父續包括大威德金剛與密集金剛，母續則是勝樂金剛與吉祥喜金剛，不二續是時輪金剛教法。

【建議】..

本書提到五大金剛的單元非常多，分別是單元35~40、42、50~51，還有單元60。如果想立刻有個清晰的輪廓，不妨先翻閱單元39，主要的內容是談論五大金剛的個別特色與差異比對。

9

如何引動「氣、脈、明點」進行無上瑜伽修行？

◉ 必讀單元：49～67

「氣、脈、明點」是本書的重點章節，有相當難度，不易閱讀，所以我們總共拆解成19個單元來分析，藉此減輕讀者閱讀的壓力。雖然不同密續之間的說法略有出入，但大體上觀念相近。無論是《時輪金剛密續》的五輪或是《密集金剛密續》的七輪都是源自於印度的輪脈觀念，兩者之間的差異並不大。在金剛乘系統，「脈輪」結合人類身體就是一座「壇城」，再配合六大（地、水、火、氣、脈、明點），使得密續整個生理運作的概念更加完備。而最高密法「無上瑜伽密續」更進一步認為透過瑜伽禪定技法，將心念專注於脈輪上，微細心識就有機會顯現。

【建議】

優秀的瑜伽士熟悉體內的氣、脈、明點與其運作的方式，竭力淨化身體內會引起煩惱妄念的業力能量。在這樣的學習中，自在運用氣、脈、明點的過程，瑜伽士將漸漸達到心氣不二的境界。與氣、脈、明點相關的章節，由單元 49 至單元 67，內容完整而綿密。

10

「慈悲」能加速無上瑜伽的學習！

◉ 必讀單元：68

慈悲（Compassion）一詞的意思是：深刻體會與悲憫他人的苦痛。更進一步說是「給予眾生安樂與解脫」、「拔除眾生痛苦」，也可以延伸至慈愛或悲憫他人的意義，這是佛教重要的核心概念之一。而智慧（Wisdom）一詞，並非指世間的聰明才智，而是體悟人生真理，透徹宇宙智慧的覺知能力。「慈悲與智慧」更是了解藏傳佛教金剛乘思想的重要關鍵，千萬不要忽略了。

【建議】

慈悲是什麼？如何生起慈悲？慈悲對於修行密續的重要性為何？慈悲可以讓「轉化」加速進行？請看單元 68。如果你對於慈悲有深刻的瞭解與實踐，對於追求無上智慧將有很大的助益。我們特別推薦單元 68，並請比對「先睹為快」單元，你會很驚訝慈悲與智慧的開展是有著緊密的關連。

金剛乘被視為大乘佛教的奧祕教法，它跟小乘、大乘有何差別？到底是如何發展出來？有什麼樣的主張？包含了哪些密續典籍？又有什麼樣的修行特質呢？

想要成佛有哪三種路徑？

佛教所說的三乘，是指小乘、大乘及金剛乘。三乘代表在成佛道路上三種不同的解脫工具或方法。

●三乘的特色

佛教發展總共經歷了三乘：❶小乘、❷大乘與❸金剛乘。乘，梵語 Yana，原指交通工具，用來比喻可以將眾生從煩惱的此岸載到覺悟的彼岸的工具。三乘代表佛教不同的解脫方法，都是用來協助人類獲得解脫。

在發展過程中，首先出現的是小乘（Hinayana），其對象是個人，所以稱為小乘。小乘佛教主要是以僧團為主，協助僧團裡的修行人從我執的妄想中解脫出來。凡是能夠斷除煩惱、獲得涅槃境地的人稱為阿羅漢（Arhat），他們是小乘佛教最重要的人物。

第二乘是大乘（Mahayana），它的對象是一切眾生，所以名之為大乘。大乘佛教的理想不僅在於個人的解脫，而是將整個世界轉化為和平、富饒、幸福的美好境地，並且協助所有的眾生獲得解脫。這些誓願救度他人的修行者稱為菩薩（Bodhisattva），菩薩是「菩提薩埵」的簡稱，意譯為「覺有情」，也就是「覺悟的有情眾生」。他們是上求佛道和下化眾生的大聖者。由於**菩薩必須在眾生都獲得解脫之後，才追求自己的解脫**，所以既是自我的轉化，也包括了外界的轉化，他們是大乘佛教最重要的人物。

第三乘是金剛乘（Vajrayana），又稱「密乘」，是一種採用咒語的佛乘。它被視為大乘佛教中的奧祕教法，發展於大乘佛教的轉型期。據說金剛乘具有不可抗拒、立即實現的力量，其特點是具備明確清楚的修行技巧。由於此教法堅利如金剛鑽（Vajra），所以稱為金剛乘。**修持金剛乘而獲得覺悟的男女，可以達到大成就者（Mahasiddha）的境界**，他們是金剛乘最重要的人物。

三乘的代表性人物

乘，梵語yana，意指交通工具。「乘」一字用來比喻可以將眾生從煩惱的此岸載到覺悟彼岸的工具。三乘代表佛教三種解脫方法，都是用來協助人類獲得解脫。代表三乘精神的重要角色分別是阿羅漢、菩薩、大成就者。

| 小乘 Hinayana | 大乘 Mahayana | 金剛乘 Vajrayana |

| 阿羅漢 Arhat | 菩薩 Bodhisattva | 大成就者 Mahasiddha |

斷除個人煩惱、到達涅槃境界的人，稱為阿羅漢。

誓願救度他人的修行者，稱為菩薩。菩薩必當眾生都獲得解脫後，才追求自己的解脫。

修持金剛乘而獲得覺悟的男女，稱為大成就者。

像蓮花生大師、密勒日巴、那若巴等人就是大成就者。他們是已覺悟且具有完美佛身的瑜伽行者，留在人間救度眾生！

⊙菩薩與大成就者不一樣的地方是什麼？

名稱	證悟狀態	救度眾生的方法
菩薩	尚未成佛	以超越人身的方式度化眾生
大成就者	已成佛(已經領悟真理，以肉身成佛者)	以人身的方式繼續留在世間度化眾生

金剛乘是來自印度的奧祕教法？

金剛乘被視為大乘佛教的奧祕教法，發展於五～六世紀印度大乘佛教的轉型期，特色是高度組織化的咒術、儀軌與本尊觀想。

●金剛乘的發展基礎

金剛乘的形成深受印度大乘佛教「中觀派」與「瑜伽行派」的影響，並且融合了「婆羅門教」的咒術。相對於其他大小乘佛教而言，金剛乘教法被認為是祕密而殊勝。在實踐上以高度組織化的❶咒語、❷儀軌、❸本尊觀想等為其特徵，強調❶口誦真言咒語（語密）、❷手結印契（身密）和❸心作觀想（意密）。

●金剛乘的各種稱呼

在西方的宗教思想理論中，金剛乘經常被稱為「天啟乘」（Apocalyptic Vehicle），天啟的意思是指佛法直接得自於「天」的「啟」示。而因為金剛乘的法教稱為「密續」或「坦特羅」（梵語Tantra的音譯），所以又稱「坦特羅乘」（Tantric Yana）。此外，金剛乘修行過程強調誦唸具有特殊力量的語詞「真言」，如「嗡嘛呢叭咪吽」六字真言，又稱「真言乘」（Mantra Yana）。

那麼，金剛乘是如何興起的呢？這是因為大乘佛教中求取解脫的眾生無窮無盡，而菩薩救世之心殷切，不堪長期等待，所以發展出這種可以加速成佛的解脫路徑。凡修持金剛乘而獲得覺悟的男女（瑜伽士與瑜伽女）統稱為大成就者，他們是金剛乘最重要的人物，金剛乘認為大成就者是已證得佛果、擁有完美佛身的證悟者，以人類的形象繼續留在人間度化眾生。

●金剛一詞的意義

「金剛」即金剛石、鑽石，是世界最堅硬的礦石。佛經用來比喻佛法中的法身堅固不壞。《大寶積經》卷五十二：「如來身者，即是法身，金剛之身，不壞之身，堅固之身，超於三界最勝之身。」金剛乘即是強調金剛一詞特有的意義。

金剛乘的特質

金剛乘的發展深受大乘佛教「中觀派」與「瑜伽行派」的影響，並融合了「婆羅門教」的咒術。實踐上則以高度組織化的咒術、儀軌、本尊觀想等為其特徵，強調口誦真言咒語（語密）、手結印契（身密）和心作觀想（意密）。

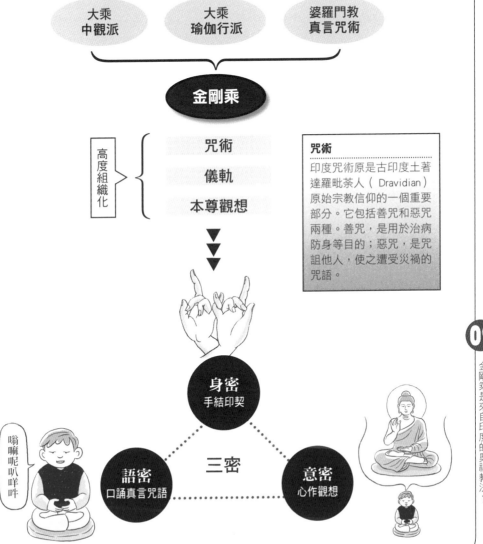

大乘
中觀派

大乘
瑜伽行派

婆羅門教
真言咒術

金剛乘

高度組織化

咒術

儀軌

本尊觀想

咒術
印度咒術原是古印度土著達羅毗荼人（Dravidian）原始宗教信仰的一個重要部分。它包括善咒和惡咒兩種。善咒，是用於治病防身等目的；惡咒，是咒詛他人，使之遭受災禍的咒語。

身密
手結印契

三密

嗡嘛呢叭咪吽

語密
口誦真言咒語

意密
心作觀想

印度密教發展成金剛乘的脈絡

金剛乘是以大乘佛教和印度密教為基礎,在西藏所發展出來的修行方法。一般認為金剛乘早期的發展是五～六世紀以後婆羅門教融入大乘佛教的產物,結合了空義、咒術與本尊觀想的修行方法。

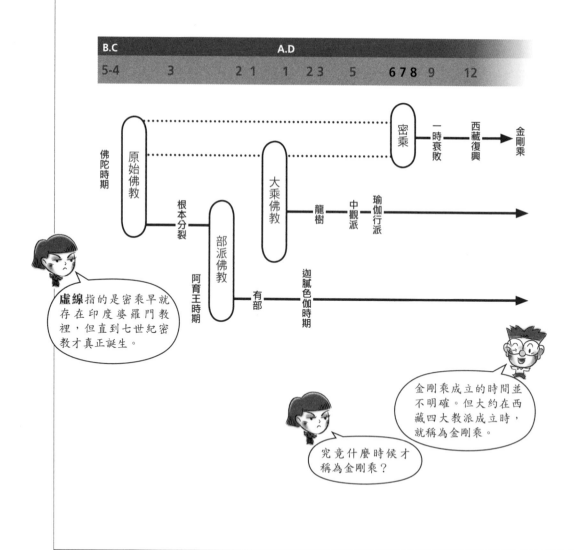

虛線指的是密乘早就存在印度婆羅門教裡,但直到七世紀密教才真正誕生。

金剛乘成立的時間並不明確。但大約在西藏四大教派成立時,就稱為金剛乘。

究竟什麼時候才稱為金剛乘?

金剛乘的其他稱呼

金剛乘(Vajrayana)的「金剛」即金剛石、鑽石，是世界上最堅硬的礦石，用來比喻佛法中的法身堅固不壞。金剛乘即是強調此一特有意義。此外，金剛乘還有五種稱法：

天啟乘
直接得自於「天」的「啟」示

祕密乘
在非公開、祕密的場合傳授

坦特羅乘
坦特羅是梵語Tantra的音譯，即金剛乘的經典

嗡嘛呢叭咪吽

真言乘
強調口誦真言咒語

持明乘
密乘的修行人亦稱為持明者

金剛乘是來自印度的奧祕教法？

03

認識金剛乘

金剛乘的核心主張「即身成佛」，是什麼意思？

即身成佛是佛教金剛乘的主張，認為用金剛乘的修行方法，修行者可以在今生證得佛果。

●在死亡瞬間，潛藏的佛性會從意識底層冒出

大乘佛教裡誓願救度他人的修行者，稱之為菩薩。菩薩將等眾生都獲得解脫之後，才尋求自己的解脫。然而，成佛的過程必須生生世世不斷努力，與**經歷無數的輪迴之苦**。雖然在無窮盡的生死流轉中，修行者一次次逐漸瞭解身處的世界，並努力地發揮個人利益世界的能力，但過程可能是很緩慢。於是加速成佛之道的金剛乘就在大乘佛教的轉型期出現（約5~6世紀）。金剛乘認為在修行上如果能在心靈及生理層面達到高層次的人，便擁有極高的證悟能量，他們在瞬間獲得解脫是可能的，也就是**在現世的身軀之下獲得解脫，這就是即身成佛。**

如何在修行上提高自我的身心層次呢？因為人們的心識有多種層面，平時是不容易看得見，但是在死亡的瞬間，自我的意識會碎裂分散，從粗重意識逐漸崩潰瓦解成更細微的意識，在這瞬間，每一個人潛藏的佛性本質，就會從意識底層冒出，只要能夠善加把握，就可以獲得解脫。

金剛乘雖然起源於印度，然而在印度式微了，卻在她的鄰國西藏發揚光大，並且發展成一套**清楚明確的修行技巧**，協助瑜伽行者**在死亡的瞬間獲得解脫而即身成佛**，成功地到達不受輪迴流轉的境界。簡單地說金剛乘不同於顯教無數次的輪迴，在特殊的修行方法之下可於今生證得佛果。

無數輪迴與即身成佛

顯教認為人必須經歷無數次的輪迴才能證得佛果，金剛乘相信在特殊的修行方法下，可以在今生證得佛果。在西藏，金剛乘發展出一套清楚明確的修行技巧，可以協助瑜伽行者在死亡的瞬間獲得解脫，成功地到達不受輪迴流轉的境界。

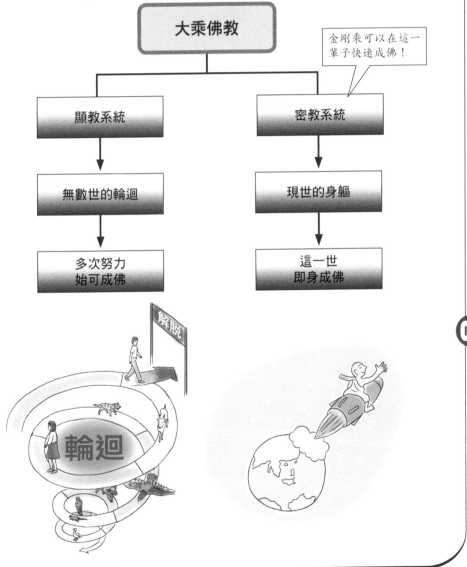

大乘佛教

金剛乘可以在這一輩子快速成佛！

顯教系統

密教系統

無數世的輪迴

現世的身軀

多次努力
始可成佛

這一世
即身成佛

解脫

輪迴

怎樣才能即身成佛？有一定的修學次第嗎？

即身成佛的修行次第是從四聖諦、三十七道品到四部密續。

●即身成佛的修行次第：四聖諦◑三十七道品◑四部密續

金剛乘是完整而圓滿的教法，涵蓋了大乘佛教顯密的一切教法，修習的次第則是先由學習四聖諦（苦、集、滅、道）入門，再經由修習三十七道品，長期培養菩提心。四聖諦與三十七道品都是屬於顯教的修持，金剛乘的修行者完成了這兩者的修持之後才能進入密法的修持。密法修持記載在四部典籍，稱為「四部密續」，分別是：事部、行部、瑜伽部、無上瑜伽部。無上瑜伽部的密法最為重要，前三部是邁向無上瑜伽的基礎。

●四聖諦（Four Nobel Truths）

四聖諦，又名「四真諦」或「四諦法」，即苦諦、集諦、滅諦、道諦。苦諦是說明人生多苦的真理。集諦的集是眾集的意思，闡述人生的痛苦是怎樣來的真理。人生的痛苦是來自於凡夫自身的無明與貪瞋痴等煩惱，因而產生種種不善業，其結果會累聚種種的痛苦。滅諦是說明涅槃境界才是人生最理想、最究竟歸宿的真理，因為涅槃是常住、安樂、寂靜的境界。道諦是說明人要修道才能證得涅槃的真理。道有多種，主要是指修習八正道。四聖諦囊括了世間、出世間的兩重因果，集是因，苦是果，是迷界（世間）的因果；道是因，滅是果，是悟界（出世間）的因果。

●三十七道品（The Thirty-Seven Aids to Enlightenment）

三十七道品是修行者達到覺悟的方法，共分七類三十七項。三十七道品為四念處、四正勤、四神足、五根、五力、七覺支、八正道。

●四部密續（Four Classses of Tantra）

四部密續分別是事部、行部、瑜伽部、無上瑜伽部。(詳見單元6)

顯密並重的修學次第

金剛乘涵蓋了大小乘與顯密的一切教法，修學次第是：先❶學習四聖諦，再❷修學三十七道品，❸最後才是密法的修持。密法又分成四部，稱為「四部密續」，分別是事部、行部、瑜伽部、無上瑜伽部。其中又以無上瑜伽部密法最為重要，前三部是邁向無上瑜伽的基礎。

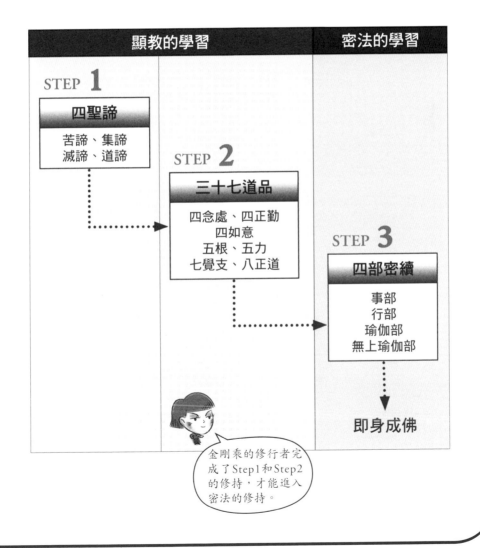

顯教的學習	密法的學習

STEP **1**

四聖諦
苦諦、集諦
滅諦、道諦

STEP **2**

三十七道品
四念處、四正勤
四如意
五根、五力
七覺支、八正道

STEP **3**

四部密續
事部
行部
瑜伽部
無上瑜伽部

即身成佛

金剛乘的修行者完成了Step1和Step2的修持，才能進入密法的修持。

認識金剛乘

三十七道品

三十七道品是大小乘修行者共通的修持方法，為的是幫助修行者達到覺悟，共分七類三十七項，分別是：四念處、四正勤、四神足、五根、五力、七覺支、八正道。

四念處

修行的首要在於對治四種顛倒：執身為淨、執受為樂、執心為常、執法為我。

❶ 身念處：觀「身不淨」。
❷ 受念處：觀「受是苦」。
❸ 心念處：觀「心無常」。
❹ 法念處：觀「法無我」。

四正勤

修行精進的重點在於行善去惡。

❶ 未生惡法令不生。
❷ 已生惡法恒令滅。
❸ 未生善法令出生。
❹ 已生善法令增長。

四神足

字面意思是有四種神妙的「腳」，意指成就究竟解脫境界所需要的四種力道。

❶ 欲神足：修道的願力、出離心、菩提心增進。
❷ 心神足：念念一心，住於正理。
❸ 勤神足：精進直前，功無間斷。
❹ 慧神足：真照離妄，心不散亂。

五根

修習佛法的五個根本所在。

❶ 信根：深信三寶。
❷ 精進根：勤修正法無間斷無雜念。
❸ 念根：隨時憶念正法。
❹ 定根：修習禪定，攝心不散。
❺ 慧根：開發智慧，觀照諸法了了分明。

五力

由五根產生的五種力量。

❶ 信力：堅信真理。
❷ 精進力：修四正勤的力量。
❸ 念力：破邪、念正的力量。
❹ 定力：治心一處的能力。
❺ 慧力：產生智慧的能力。

七覺支

修習止觀的七個方法或訣竅。

❶ 擇法覺支：選擇正確、適宜的修法。
❷ 精進覺支：任何階段都不能懈怠。
❸ 喜覺支：修禪定得到的喜悅。
❹ 輕安覺支：得到的輕鬆安適感覺。
❺ 念覺支：憶念集中而念念分明。
❻ 定覺支：攝心不散，深入禪定。
❼ 捨覺支：捨一切念，不即不離。

八正道

八種正確的道行。

❶ 正見：正確的知見。
❷ 正思惟：正確的思考。
❸ 正語：正當的言語。
❹ 正業：正當的行為。
❺ 正命：正當的職業。
❻ 正精進：正當的努力。
❼ 正念：正確的心念。
❽ 正定：正確的禪定。

04

怎樣才能即身成佛？有一定的修學次第嗎？

05

認識金剛乘

為什麼金剛乘的經典都稱為「密續」？

密續（Tantra）泛指五世紀後大量出現的密教經典，用來與大小乘的經典（Sutra）作為區別。

●Tantra原是紡織的緯線

現在我們稱金剛乘的典籍為「密續」，這是怎麼來的呢？

起初，古代印度把當時流行的大小乘經典稱為Sutra，該詞原本的意思是紡織的經線。到了五世紀後，印度開始出現大量的密教經典，便被稱為Tantra，意指紡織的緯線。原來印度是以經線和緯線的概念來稱呼大小乘經典和密教經典。

●「密續」名稱如何產生？

雖然，印度密教典籍在唐朝就傳入中國，但是當時中國尚未出現「續」或「密續」這樣的稱呼。大約在第七、八世紀時，印度密教典籍陸陸續續傳入西藏，Tantra一詞在西藏被譯成藏語rgyud，意思是「相續」。

後來，到了元代，也就是西元十到十四世紀期間，西藏的密教傳入中國，中國地區開始出現許多藏傳漢譯的密教典籍，這時中國將藏語rgyud一詞譯為「本續」或「續」，這一用法一直延用到現在，所以我們習慣將密教的經典稱為「密續」。

依據宗教學家的分類，密續的內容大致上共五類，分別是：❶世界（空間）的創造、❷世界（空間）的毀滅、❸諸神的崇拜、❹神通的獲得，以及❺透過禪定觀想達到高度「神人合一」（即本尊相應）的方法。

Sutra與Tantra的比較

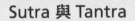

```
        ┌─────────────────────┐
        │    Sutra 與 Tantra   │
        └─────────────────────┘
```

梵語 Sutra

在印度，原指紡織的經線，後來成為一般**大小乘經典**的稱呼。

梵語 Tantra
音譯「坦特羅」

在印度，原指紡織的緯線，後來成為**密教經典**的稱呼。

藏語 rgyud

在西藏意指「相續」。到了中國元代，漢譯典籍譯為「本續」或「續」。

漢譯 密續

現在對於一般密教經典的統稱。

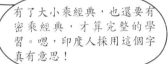

有了經線，也要有緯線，才能織成一塊布。

有了大小乘經典，也還要有密乘經典，才算完整的學習。嗯，印度人採用這個字真有意思！

05

●密教經典在元代以前的稱法

雖然Tantra這個字在中國稱為「續」是始於元代，並沿用至今。不過，在這之前，密教經典就已經陸續傳入了中國。那麼元代之前的唐宋時期，許多直接從印度傳入中國的大量密教典籍是如何稱呼呢？

在當時，唐代，有一位著名的譯經家不空大師譯了很多密教經典，當時只要是密教經典，他都譯為「教王經」或「大教王經」。**所以唐宋兩個時期，只要是典籍名稱出現「教王經」或「大教王經」的字眼多半是指密教的經典。**例如：唐代的《金剛頂一切如來真實攝大乘現證大教王經》，這也就是我們熟知的《金剛頂經》。還有像宋代的《大悲空智金剛大教王經》，這是與吉祥喜金剛相關的經典。

教王經與大教王經

在中國地區，對密教經典的稱呼，除了我們現在所熟知的「密續」之外，在歷史上還有這兩種的稱法：「教王經」和「大教王經」。

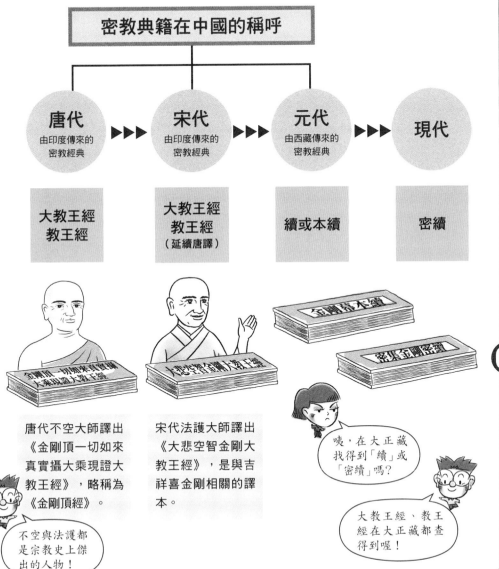

密教典籍在中國的稱呼

唐代	宋代	元代	現代
由印度傳來的密教經典	由印度傳來的密教經典	由西藏傳來的密教經典	
大教王經 教王經	大教王經 教王經（延續唐譯）	續或本續	密續

唐代不空大師譯出《金剛頂一切如來真實攝大乘現證大教王經》，略稱為《金剛頂經》。

不空與法護都是宗教史上傑出的人物！

宋代法護大師譯出《大悲空智金剛大教王經》，是與吉祥喜金剛相關的譯本。

咦，在大正藏找得到「續」或「密續」嗎？

大教王經、教王經在大正藏都查得到喔！

06
認識金剛乘

什麼是「四部密續」？

四部密續是解說金剛乘的灌頂、道品、修法、薈供等等的佛教典籍。

四部密續可分成「事部密續」、「行部密續」、「瑜伽部密續」、「無上瑜伽部密續」等四部。這些典籍必須經由上師傳授，代代相遞。金剛乘四部密續並非介紹不同派別的理論，而是針對四種不同心態的弟子所設計的不同修學方法。

四部密續中的事部、行部與瑜伽部，這三部密續亦稱為「外三密」，在唐代時便已傳入中國，隨後傳入日本，在日本繁衍發展，形成自己獨特的東密體系。

至於中國，在唐代時除了傳入外三密之外，金剛乘的最高修行次第的無上瑜伽部密續也傳入中國，**但並不完整，一般稱為「唐密」。**無上瑜伽部密續最完整的發展是在西藏地區，大約始於七世紀，並經過數個世紀的持續發展，最後形成了特殊的藏傳佛教系統，即所謂的「藏密」。

●四部密續在不同階段有不同的訴求重點

第一，事部密續（Action Tantra），強調外在的清淨行為與結手印，內容不外乎是清淨自身、消除罪業等齋戒儀軌的修持。第二，行部密續（Performance Tantra），強調外在行為與內在瑜伽同等重要，主要對象是對於外在的淨除儀式或是內在三摩地（禪定，Samadhi）都已生起歡喜心的修行者。第三，瑜伽部密續（Yoga Tantra），強調禪定的內在瑜伽更重於外在行為，主要對象是專心致力於內在禪修，不依賴外在淨除儀式的修行者。第四，無上瑜伽部密續（Highest Yoga Tantra），也就是最高修行次第，強調內在瑜伽的重要，沒有任何密續可以超越它。

四部密續的修行重點

金剛乘的修行體系裡，四部密續是針對四種不同心態的弟子所設計的不同修行方法，包括：事部密續、行部密續、瑜伽部密續等外三密，以及無上瑜伽部密續。

| 外在行為 | 內在瑜伽 |

❶ 事部密續

修持外在的清淨行為與事部密續手印，強調外在行為比內在瑜伽重要。

▼

❷ 行部密續

強調外在行為與內在瑜伽同樣重要。

▼

❸ 瑜伽部密續

強調禪定的內在瑜伽更重於外在行為。

▼

❹ 無上瑜伽部密續

強調內在瑜伽的重要，沒有任何密續可以超越它。

想要即身成佛一定要修練最高修行次第無上瑜伽密續！

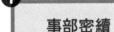

06

什麼是四部密續？

07

認識金剛乘

四部密續是如何發展出來的？

金剛乘在歷史上的演進分成：（1）七世紀之前的初期密教、（2）七世紀的中期密教、（3）八世紀的晚期密教、（4）八世紀後半～十二世紀的西藏金剛乘時期。

金剛乘四部密續的發展正好符合這四個階段的歷史演進。其中，事部密續發展自第一階段初期密教，於七世紀之前早已萌芽。此一階段的修行者講求設立壇場、注重供養、誦咒、結印契，特別注重外在行為與儀式，其目的是消除修行者種種的障礙。

行部密續與瑜伽部密續則形成於第二階段的中期密教，約第七世紀。這段時間以《大日經》與《金剛頂經》為主，依據法身佛大日如來的說教為主。在這個階段開始有了金剛界與胎藏界的壇城。

無上瑜伽部密續則出現在第三階段的晚期密教，約在第八世紀之後。無上瑜伽部密續是金剛乘的最高密法，相信透過特殊的技法可以即身成佛。在這個階段，金剛乘已趨於完備，並且受到印度帕拉王朝（Pala）的扶持而迅速發展，同時也傳入西藏。

●認識金剛界與胎藏界：大日如來的「智」與「理」

中期密教，大約始於第七世紀，此時開始有金剛界與胎藏界的概念。金胎二界分別是用來說明大日如來的「智」（智慧）與「理」（理由）。金剛界代表金剛不壞的意思，闡明智慧堅固不壞的特質，可以摧破煩惱，如同金剛一般。胎藏界的意思是胎藏子，也就是母胎內孕育著生命，猶如胎藏，以此闡明人一出生就具有的本質，其體性廣大，能攝萬德。金胎二界是標幟大日如來理智二德的一對大法門。就「因」、「果」的層面來看，胎藏界是理、是因，金剛界是智、是果。

金剛乘的四個發展階段

金剛乘的歷史演進分成下面四個階段。一般認為密教成為獨立的思想體系和派別，是在七世紀中葉《大日經》和《金剛頂經》出現以後。之後，金剛乘流傳於西南印度、德干高原，後來向南印度和東北印度傳播，以超戒寺為中心，獲得帕拉王朝的支持而迅速發展。

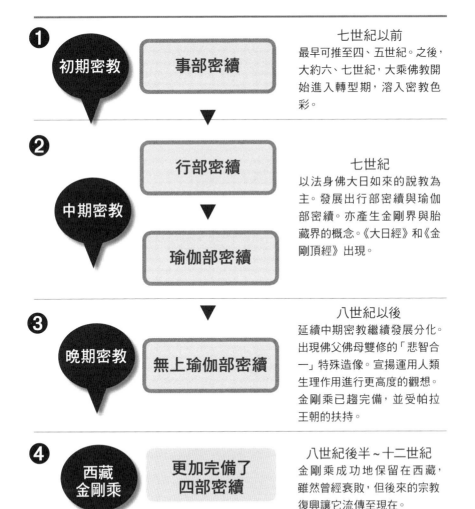

❶ 初期密教 — 事部密續

七世紀以前
最早可推至四、五世紀。之後，大約六、七世紀，大乘佛教開始進入轉型期，溶入密教色彩。

❷ 中期密教 — 行部密續 / 瑜伽部密續

七世紀
以法身佛大日如來的說教為主。發展出行部密續與瑜伽部密續。亦產生金剛界與胎藏界的概念。《大日經》和《金剛頂經》出現。

❸ 晚期密教 — 無上瑜伽部密續

八世紀以後
延續中期密教繼續發展分化。出現佛父佛母雙修的「悲智合一」特殊造像。宣揚運用人類生理作用進行更高度的觀想。金剛乘已趨完備，並受帕拉王朝的扶持。

❹ 西藏金剛乘 — 更加完備了四部密續

八世紀後半～十二世紀
金剛乘成功地保留在西藏，雖然曾經衰敗，但後來的宗教復興讓它流傳至現在。

●認識大日經與金剛頂經

七世紀中葉，《大日經》和《金剛頂經》出現以後，密教便可被視為一個獨立的思想體系和派別。它在印度的傳播，最初流傳於西南印度、德干高原，後來向南印度和東北印度傳播，以超戒寺為中心，獲得帕拉王朝的支持而迅速發展起來。

《大日經》，全名為《大毗盧遮那成佛神變加持經》，此經以大日如來教法為中心，主要講述密教的基本教義、各種儀軌和修行、供養的方法，在唐代時，由善無畏與一行合譯，傳入中國。後來再隨空海和尚傳入日本，成為日本真言宗的主要經典。

《金剛頂經》以大日如來為主，宣揚五佛顯五智。所謂五佛顯五智是說五位不同方位的宇宙佛陀，各自展現不同的智慧。中央是大日如來的法界體性智，東方是阿閦如來的大圓鏡智，南方是寶生如來的平等性智，西方是無量壽如來（即阿彌陀佛）的妙觀察智，北方是不空成就如來的成所作智。其中最重要的是法界體性智，除了法界體性智外，其餘四智都是唯識所轉，這是採納了瑜伽行派「轉識成智」（詳見單元20）的思想。

Garbha-kosa= Garbha + kosa

〔原　意〕種子＋著床的地方
〔引申意〕子宮或母體或胎＋含藏

Vajradhatu= Vajra + dhatu

〔原　意〕金剛＋界
〔引申意〕最堅固不壞的特質＋具有共同性質的範圍

胎藏界與金剛界

胎藏界與金剛界是標幟大日如來「理」、「智」二德的一對大法門。胎藏界的意思是胎藏子，說明生命在母胎內孕育成長，闡明人類與生俱有的本質，其理體廣大，能攝萬德，猶如胎藏。金剛界闡明智慧堅固不壞的特質，可以摧破煩惱，如同金剛一般。

胎藏界 Garbha-kosa	金剛界 Vajradhatu
胎藏說明母胎內孕育生命，其與生俱有的本質體性廣大，能攝萬德。	金剛代表金剛不壞的意思，闡明智慧堅固不壞的特質。

「理」在中文的意思是緣由、理由，也就是因果中的「因」。

理

因

「智」是指能摧破煩惱、障礙的智慧。

智

果

胎藏界代表生命與生俱有的本質。

金剛界代表追求智慧的過程。

07

四部密續是如何發展出來的？

金剛乘的傳播

四部密續中的事部、行部與瑜伽部三密續，在唐代時傳入中國及日本。分別形成了自己獨特的密教體系。至於最高層級無上瑜伽部密續最完整的發展是在西藏地區，大約始於八世紀，經過數個世紀的持續發展，最後形成了特殊的藏傳佛教。

	東密 （傳入日本）	唐密 （傳入中國）	藏密 （傳入西藏）
事部密續	有	有	有
行部密續	有	有	有
瑜伽部密續	有	有	有
無上瑜伽部密續	無	不完整	完整發展

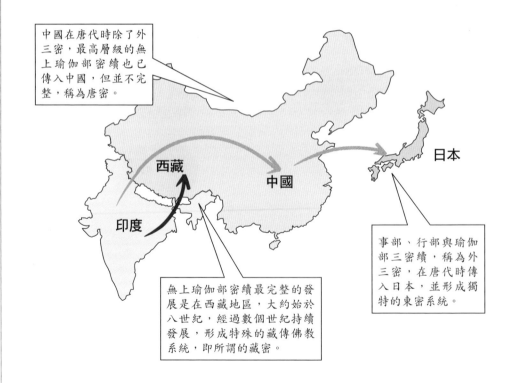

中國在唐代時除了外三密，最高層級的無上瑜伽部密續也已傳入中國，但並不完整，稱為唐密。

日本

事部、行部與瑜伽部三密續，稱為外三密，在唐代時傳入日本，並形成獨特的東密系統。

西藏

中國

印度

無上瑜伽部密續最完整的發展是在西藏地區，大約始於八世紀，經過數個世紀持續發展，形成特殊的藏傳佛教系統，即所謂的藏密。

大日經與金剛頂經

　　《大日經》主要講述密教的基本教義、各種儀軌和修行、供養的方法，是一部以大日如來教法為中心的經典。而《金剛頂經》以大日如來為受用身，宣揚「五佛顯五智說」。

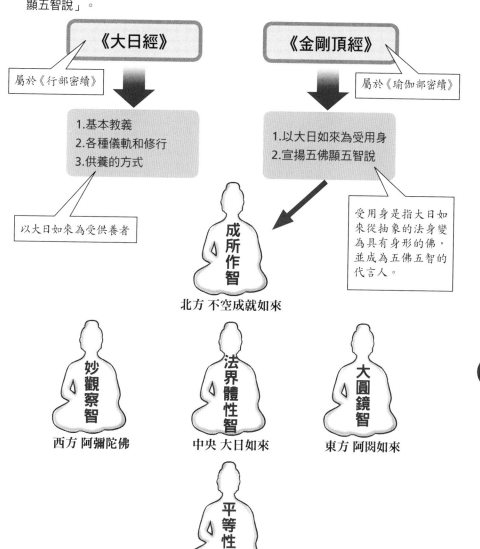

《大日經》

屬於《行部密續》

1.基本教義
2.各種儀軌和修行
3.供養的方式

以大日如來為受供養者

《金剛頂經》

屬於《瑜伽部密續》

1.以大日如來為受用身
2.宣揚五佛顯五智說

成所作智

北方 不空成就如來

受用身是指大日如來從抽象的法身變為具有身形的佛，並成為五佛五智的代言人。

妙觀察智

西方 阿彌陀佛

法界體性智

中央 大日如來

大圓鏡智

東方 阿閦如來

平等性智

南方 寶生如來

四部密續有哪些重要典籍？

金剛乘的四大經典分別是：事部、行部、瑜伽部與無上瑜伽部。

事部密續是包含各種真言（短咒）、陀羅尼（長咒）、一尊一咒的法門與早期零星的密教經典，但尚未有單一的重要典籍。行部密續的主要經典是《大日經》，而瑜伽部密續最重要的是《金剛頂經》。

《大日經》可說是密教的最主要聖典，《大日經》又作《毘盧遮那成佛經》、《大毘盧遮那成佛神變加持經》與《大毘盧遮那經》，由唐代善無畏和一行所譯。據說內容是**大日如來在金剛法界宮為金剛手祕密主所說的法**。開示的主旨是以菩提心為因、大悲為根、方便為究竟的大悲胎藏曼荼羅。此經又說菩提就是真理實相，眾生的自心本性即是一切智，必須如實觀察。

至於《金剛頂經》，全名是《金剛頂一切如來真實攝大乘現證大教王經》，由唐代不空大師所譯，略稱為《金剛頂大教王經》、《金剛頂經》。這是一部闡述密教金剛界法門的根本經典，與《大日經》合稱為密教的兩部大經。

《金剛頂經》探討金剛界如來入金剛三摩地（禪定，Samadhi），介紹金剛界的三十七位本尊，還有禮讚如來與建立金剛界大曼荼羅（以平面繪畫呈現佛菩薩形象的壇城）的儀軌。以及引導弟子進入曼荼羅的方法，與羯磨曼荼羅（以立體雕塑呈現佛菩薩形象的壇城）、三昧耶曼荼羅（Samaya，手印與持物的壇城）、法曼荼羅（種子字壇城）等。

無上瑜伽部密續的重要經典則包括：《密集金剛密續》，即宋代譯成《一切如來金剛三業最上祕密大教王經》；《吉祥喜金剛密續》，即宋代譯成《大悲空智金剛大教王經》與《佛說大悲空智金剛大教王儀軌經》。還有《時輪金剛密續》、《勝樂金剛密續》，以及《大威德金剛密續》，其中《大威德金剛密續》在宋代譯成《佛說妙吉祥瑜伽大教金剛陪囉縛輪觀想成就儀軌經》，但並不完整。

四部密續的重要經典

（四部密續）　（重要經典）

事部密續

> 事部密續沒有出現重要經典。

> 包含真言、陀羅尼、一尊一咒法門與密教零星的記載。

行部密續 ── **大日經**

> 大日經是大日如來對弟子金剛手祕密主一對一的開示。

> 唐代善無畏與一行等人翻譯。闡述菩提心為因、大悲為根、方便為究竟的大悲胎藏曼荼羅。

瑜伽部密續 ── **金剛頂經**

> 唐代不空大師所譯。闡述密教金剛界法門的根本經典。

> 金剛頂經開始出現眾多本尊、咒語及空間場景。

無上瑜伽部密續

密集金剛

> 宋朝翻譯成《一切如來金剛三業最上祕密大教王經》。

勝樂金剛

> 唐宋時翻譯的這幾部經典在「大正藏」裡都可以找到喔！

時輪金剛

吉祥喜金剛

> 宋代翻譯成《大悲空智金剛大教王經》，或《佛說大悲空智金剛大教王儀軌經》。

大威德金剛閻曼德迦

> 宋代《佛說妙吉祥瑜伽大教金剛陪囉縛輪觀想成就儀軌經》。

08

四部密續有哪些重要典籍？

「轉化」是金剛乘的修行特質，到底要轉化什麼？

金剛乘的特質是「轉化」，包含能量的轉化與意識的轉化。要加速這種轉化的關鍵，就在於瑜伽行者的觀想能力。

●根本迷妄可以轉化為證悟的體驗

《密集金剛密續》（Guhyasamaja Tantra）被認為是了解廣大的密續文獻的關鍵。據說只要了解密集金剛密續，就能輕易了解其他的密續系統，因此被封為「密續之王」。

密集金剛壇城中央的主尊共有三個面容，紅、藍、白三色。三色乃象徵瑜伽行者在修持密集金剛法時，可以巧妙地運用此三種根本迷妄的力量，就是將貪（紅）、瞋（藍）、痴（白）的力量轉化為證悟的體驗。貪、瞋、痴是人類主要的三種迷妄，又稱「三毒」，是負面的力量，**但是在金剛乘裡，卻可以變成協助修行者的巨大能量，其關鍵就是轉化。**依據金剛乘的理論，當修行者將貪、瞋、痴、慢、疑等不同的負面能量一一轉換成智慧，便與即身成佛的距離越來越近。

金剛乘是從大乘佛教發展轉型而來的，主張菩薩的本質雖然是要利益自己也要利益眾生，而真正能達到此一境界的最重要功課還是要回到自己身上，將粗重意識（The Gross Level of Minds）轉化為細微意識，體悟萬法實相（The Ultimate Truth），即無我的自心本性、佛性、根本淨光心，這就是無上瑜伽所著重的轉化。

無上瑜伽的轉化，處處充滿不可思議的力量，它可以無限的加速進行，關鍵在於瑜伽行者心中的意象，也就是觀想的能力。**無上瑜伽部密續認為瑜伽行者可以藉由心中的意象在瞬間改變物質，細微意識可以「難以想像地」取代粗重意識。**這種「難以想像」的狀態就如同人類在虛幻夢境與清醒世界之間的關係。清醒是一種狀態，睡夢中又是另一種狀態，在狀態轉換的過程中，意識變化所產生的能量是無限的。

三種迷妄力量的轉化

三張臉象徵三種根本迷妄，可以被轉化成證悟的能量。

白面（左）　　藍面（中）　　紅面（右）

痴　　　瞋　　　貪

轉化

證悟的能量

「轉化」是金剛乘的修行特質，到底要轉化什麼？

61

●金剛乘認真看待夢境的體驗

金剛乘特別認真看待人們在睡夢中的感受，因為睡夢中的意識處於特殊的狀態，可以做到許多在意識清醒下無法辦到的事，例如：❶逼真的死亡經驗、❷軀體變質的經驗、❸不可預知的喜樂經驗、❹克服恐怖的經驗。許多金剛乘密法所提及的本質的轉移或轉化，就是如同夢境所產生的類似效果。因此，金剛乘致力於研究各種意識清醒時所不可能到達的體驗，在這些特殊體驗中開展心理的潛能，並將這些體驗運用於清醒的時候，使人格獲得改善。

四種神奇的轉化經驗

嗯，1和2這兩種是很重要的功課，是即身成佛的關鍵呢！

① **根本迷妄** 轉化 ➤ **證悟的體驗**

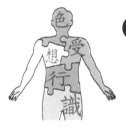 **②** **粗重意識** 轉化 ➤ **細微意識**（能體悟萬法實相）

 **③** **夢境的體驗** 轉化 ➤ **清醒時的能量運用**

④ **心中的意象** 轉化 ➤ **物質的瞬間變化**

這是不是一般所說的念力啊？

清醒是一種狀態，睡夢中又是另一種狀態，狀態轉換中，意識所產生的能量是無限的。

09

「轉化」是金剛乘的修行特質，到底要轉化什麼？

63

愛欲

金剛乘為何要用「愛欲」來引導修行？

愛欲是不應該被壓抑的。盡可能地利用欲望的巨大能量，全力地將欲念轉化為空性智慧，這就是修行的方便之道。

●欲念是修行的助力

男女之間的情欲在佛門修行中經常被負面看待。但是，金剛乘反倒是利用常人的欲念，導引修行者進入解脫的法門。四部密續更以兩性親密關係或深或淺，來加以區分修行程度的深淺。格魯派的創立者宗喀巴在《密宗道次第廣論》裡，便說：「續部之名，亦名笑續、視續、執手或抱持續、二相合續，共為四部。」於此可見金剛乘以全然不同的態度來面對佛門長期極度排拒的欲念。

欲念成為修行的助力，是金剛乘獨到之處。金剛乘不斷強調：「**人，既然來到了這個世界，便是愛欲的結果；但是，通過愛欲，又可以獲得解脫。**」由此可見，來到這個世界是輪迴之苦，從輪迴苦中解脫即是涅槃，輪迴與涅槃的關鍵竟是愛欲。密續思想還認為，愛欲不應該被壓抑，因為愛欲的本質與我們存在的本性有關。於是金剛乘在邁向解脫的道路上，盡可能利用欲望的巨大能量，全力地將欲念轉化為空性智慧，這就是所謂的方便之道。

●四部密續與欲念

在《金剛幕本續》（Vajra Tent）裡有更清楚的解釋，四部密續都是利用欲望來引導修行者入道，但運用欲望的層次是不相同的。前三部是邁向無上瑜伽部密續的基礎，但是唯有無上瑜伽部密續才能展示密續的深廣與獨特。

四部密續對於欲望層面的分類如下：第一，事部密續，凝視具有吸引力的異性。第二，行部密續，對此異性微笑。第三，瑜伽部密續，進而想要牽手觸摸。第四，無上瑜伽部密續，最後期望親密的性結合。

四部密續如何運用欲念?

依據《金剛幕本續》解釋,四部密續都是利用欲望來引導修行者入道,但使用的欲望層次是不相同的,前三部是邁向無上瑜伽部密續的基礎,但是唯有無上瑜伽部密續才能展示密續的深廣與獨特。四部密續對於欲望程度的分類如下:

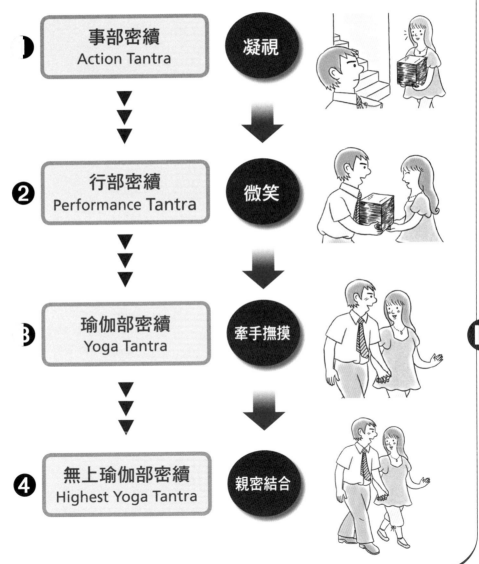

事部密續
Action Tantra

凝視

行部密續
Performance Tantra

微笑

瑜伽部密續
Yoga Tantra

牽手撫摸

無上瑜伽部密續
Highest Yoga Tantra

親密結合

10

金剛乘為何要用「愛欲」來引導修行?

65

11

認識金剛乘

「雙修」一直備受爭議，到底意義何在？

男性與女性軀體親密結合的佛父佛母雙身像，即一般所謂的「雙修」。它是金剛乘中最深奧神祕的造像，意在啟發智慧和慈悲合一的完美覺悟境界。

● 慈悲（方便）與智慧（般若）

雙修，源自於藏語yab-yum一詞，yab是指宇宙陽性的運作法則，yum則是陰性的運作法則。前者亦可代表慈悲（方便），後者即代表智慧（般若）。當二者融合為一即是悲智合一，是覺悟的完美境界。

許多人對金剛乘男女親密結合的雙修圖像有許多誤解或不安。其實，雙修的真正意義是：象徵超凡智慧的佛母，指導修行者去認識像佛陀般的體驗和思想；而佛父代表對眾生的慈悲，這裡的慈悲是追求智慧的過程中自然的體驗。

● 透過欲念來轉化意識

雙修中的佛父與佛母，其實是象徵人們潛藏於內心最深層的欲念，這種欲念可以透過視覺觀想的刺激，達到喚醒的效果。所以雙修的親密圖像，就如同西方心理學採用繪畫或音樂的治療方法，其目的都是為了深掘內心底層擾動的欲念，但更重要的是透過欲念來轉化意識，讓意識純化和提升。

內心底層擾動的欲念在金剛乘裡稱為「細微意識」，純化的意識被視為「最細微意識」（詳見單元21、24），兩種意識的轉化與運用在金剛乘中是非常重要的。

還有一點必須注意的是：**雙修所描述的親密結合是包括觀想和真實體驗兩種層面。前者只是想像的層面，而真實的生理體驗則見於無上瑜伽部密續**，這種體驗是藉由雙修的生理作用，讓頂輪的生命元素發生溶解。此外，無上瑜伽部透過禪定觀想的力量，讓生命元素的流動倒轉，而產生不可思議的大樂經驗與了悟空性的體驗，這是金剛乘最獨特之處。（詳見單元12）

佛父佛母的親密結合

佛父佛母親密結合即是悲智合一，表示覺悟的完美境界。佛母代表超凡的智慧，指導修行者去認識像佛陀般的體驗和思想。佛父代表慈悲，是追求智慧的過程中自然的體驗。

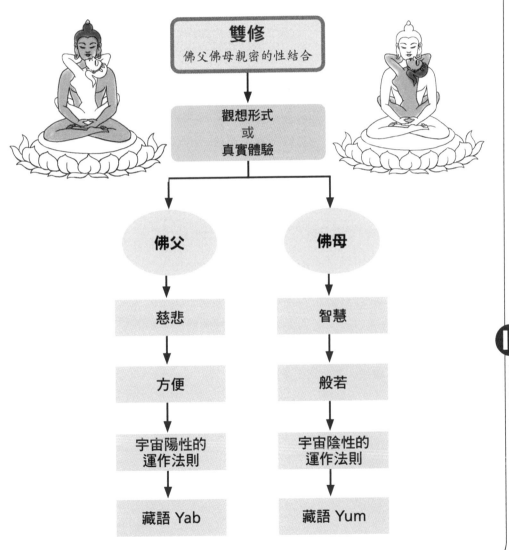

雙修
佛父佛母親密的性結合

↓

觀想形式
或
真實體驗

佛父	佛母
慈悲	智慧
方便	般若
宇宙陽性的運作法則	宇宙陰性的運作法則
藏語 Yab	藏語 Yum

什麼樣的人才可以進行雙修？

雙修的終極目的是成佛，但是首要條件是必須先發菩提心，否則無法進行雙修。

●先培養菩提心

藏傳佛教要求修行者要顯密並重，學習的功課涵蓋大小乘顯密的一切教法。其修學的次第是先學習四聖諦，再修習三十七道品，循序漸進培養菩提心，最後才有資格進行密法的修持，特別是無上瑜伽部密續的雙修部分。

第十四世達賴喇嘛丹增嘉措說：「進行雙修的人首先必須對空性、無我的理論有一些經驗或瞭解。雙修者的終極目的是成佛，所以必須先發菩提心，否則雙修無法進行，這點是非常重要的。」他還指出：「無上瑜伽部密續的某些修習是有危險的，必須運用技巧引導內氣進入中脈」。

●雙修是啟動體內生命元素產生巨大變化的法門之一

在雙修的過程中，人體內的基本要素會經歷某些變化，這是因為代表生命能量的氣進入、停留、消融於中脈的結果。人體在這種特殊狀態下，生理的變化會導致意識的細微變化，這是無上瑜伽密續理論中最特殊之處。不過，切記！這裡的雙修並非指一般人所理解的性行為。

●六大：構成人體的六大元素

金剛乘認為，構成人體的六大元素，有一半來自父親，有一半來自母親。來自父親的是骨、髓、精液，來自母親的是肌肉、皮膚、血液，稱為「六大」。六大還有一種說法，認為是由《俱舍論》的「四大」延展成「六大」。《俱舍論》說：「地水火風也。此四者廣大，造作生出一切之色法（物質）」。地水火風造做生出一切物質，當然包括人類。無上瑜伽部則是將地水火風的「風」擴大延伸成為「氣、脈、明點」，這便構成人體的六大元素：地、水、火、氣、脈、明點。無上瑜伽部所說的雙修便是涵蓋上述兩種六大的變

雙修的三個重要概念

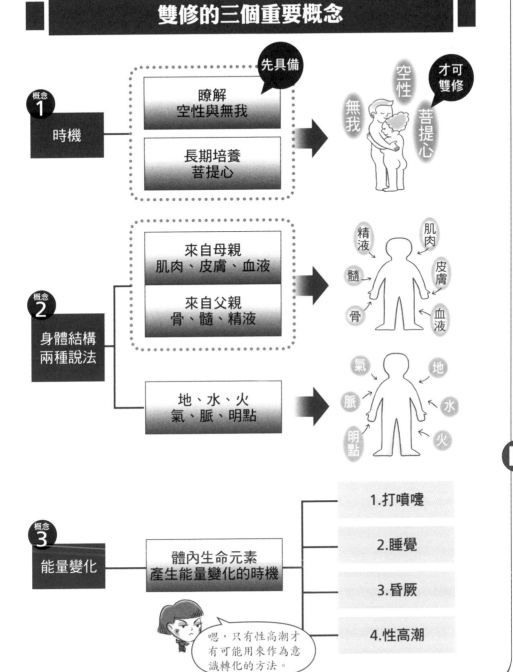

概念 1 時機

先具備
- 瞭解 空性與無我
- 長期培養 菩提心

才可雙修
空性 無我 菩提心

概念 2 身體結構 兩種說法

- 來自母親 肌肉、皮膚、血液
- 來自父親 骨、髓、精液

精液 肌肉 髓 皮膚 骨 血液

- 地、水、火 氣、脈、明點

氣 地 脈 水 明點 火

概念 3 能量變化

體內生命元素 產生能量變化的時機

1. 打噴嚏
2. 睡覺
3. 昏厥
4. 性高潮

嗯，只有性高潮才有可能用來作為意識轉化的方法。

⑫ 什麼樣的人才可以進行雙修？

發菩提心、六大、四大

化與體驗。無上瑜伽部所論及的紅菩提與白菩提的變化，指的就是來自父親的元素與母親的元素的概念，同時也涉及氣、脈、明點的變化。

金剛乘認為，能造成體內基本要素的變化，導致意識細微程度的改變，除了性行為之外，還有打噴嚏、睡覺、昏厥。不過，打噴嚏的時間非常短暫而無法控制。睡覺、昏厥時，人類的意識也比較難以掌握。所以其中最強烈，而且可以運用意識的是性高潮。這或許可視為無上瑜伽部雙修的理論基礎。

●體驗空性的同時，欲念跟著消失了

為何證悟空性會和兩性親密的結合有關？它又和性高潮有什麼關係呢？這必須聚焦在「欲念」這件事。性高潮必然與體內的欲念有關，這是一般人可以理解的。不過，密續的修行者會將這欲念所產生的巨大能量轉化成修行的一部分，這是無上瑜伽密續最特殊的地方。

當欲念生起時，體內基本要素的能量會跟著起了變化，證悟能量高的瑜伽行者會運用氣、脈、明點的特殊技巧把握住這生命的能量，讓細微意識取代粗重意識（詳見單元22）。接著，再善巧地運用這些細微意識去體驗空性。在體驗的過程中，一個念頭的意識不可能同時存在著兩個相互矛盾的概念（欲念與空性），當你在最高層的無上瑜伽體驗了空性的同時，欲念也跟著完全消失了。

雙修不是性行為！

雙修不是性行為！瑜伽行者運用雙修的目的是把「欲念的能量」轉化成幫助「證悟的能量」。操作的關鍵在於利用欲念生起時，體內會產生巨大的能量變化，掌握並轉化這股能量，可以幫助修行者體驗到空性。而體驗空性的同時，欲念也就被消融掉了。

無上瑜伽密續的思想基礎

Part 2

金剛乘的修行是在「充分認識空性與意識」的基礎之下，透由「無上瑜伽密續」的技巧，轉換人生的各種體驗成為覺悟的因子。如果能夠認識中觀學派的空性與唯識學派的意識系統，對於無上瑜伽密續的修習將有極大的助益。

無上瑜伽密續的思想基礎

無上瑜伽的證悟基礎是什麼？
證悟工具又是什麼？

無上瑜伽修行者將意識作為證悟的工具，而特別重要的是，要把握死亡過程中的意識變化。

●金剛乘思想的基礎來自中觀與唯識

以龍樹、提婆為首的中觀學派，與以無著、世親為首的唯識學派，並稱為印度大乘佛教的雙璧。中觀與唯識兩者在演進過程中逐漸融合，成為初期金剛乘的世界觀。如果能夠認識中觀學派的空性與唯識學派的心識，對於金剛乘無上瑜伽密續的修習將有極大的助益。

●生起次第與圓滿次第

在充分認識空性與意識的基礎之下，證悟能量極高的修行者在面臨死亡時，將經由無上瑜伽密續的技巧，把死亡的體驗轉換為覺悟的因子。不過，覺悟並非一蹴可幾，無上瑜伽的修行是分成「開始」與「完成」兩種階段。開始階段稱為「生起次第」，完成階段稱為「圓滿次第」。**生起次第的重點是經由觀想完成精神層面的體驗。而圓滿次第的重點在於細微意識的運用，這涉及到生理上氣、脈、明點的真實變化。**這個生理層面的變化其實就是細微氣與細微意識的轉換。

●三種中陰可以成就三種證悟狀態

在死亡過程中，臨終中陰、實相中陰與投生中陰，三者都是意識與氣的顯現，而生前的所有修行都是為了把握並體驗死亡過程而準備的。具有高證悟能量的修行者透過無上瑜伽密續的技巧，有機會在死亡過程中的三個階段轉換成佛的法、報、化三身。在臨終中陰到達證悟境界，即是法身。在實相中陰獲得證悟，即是報身。在投生中陰獲得證悟，即是化身。

無上瑜伽的「思想」與「體驗」

無上瑜伽在充分認識空性與意識的基礎之下，可以透過特殊的技法，在臨終中陰、實相中陰與投生中陰這三個階段證悟法身、報身與化身的覺悟境界。

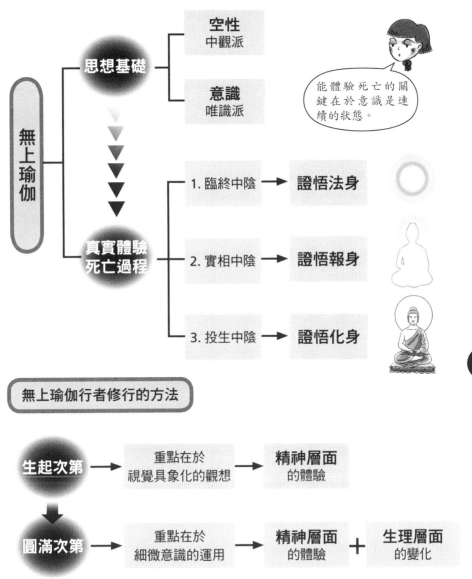

思想基礎
- 空性 中觀派
- 意識 唯識派

能體驗死亡的關鍵在於意識是連續的狀態。

無上瑜伽

真實體驗死亡過程
1. 臨終中陰 → 證悟法身
2. 實相中陰 → 證悟報身
3. 投生中陰 → 證悟化身

無上瑜伽行者修行的方法

生起次第 → 重點在於視覺具象化的觀想 → 精神層面的體驗

圓滿次第 → 重點在於細微意識的運用 → 精神層面的體驗 ＋ 生理層面的變化

無上瑜伽密續的思想基礎

南贍六莊嚴指的是哪六位聖賢？

南贍六莊嚴是指大乘佛教中的六位聖賢，他們是龍樹、提婆、無著、世親、陳那與法稱。

大乘佛教肇始於西元一世紀左右的印度，真正興盛是在西元二世紀龍樹菩薩出現之後，一直延續至六世紀。整個大乘佛教在這段期間一共出現六個代表人物，分別是龍樹、提婆、無著、世親、陳那與法稱，稱為「南贍六莊嚴」。南贍指的是我們居住的世界，南贍六莊嚴的意思是，這六位聖賢把這個世界裝飾得很美好。

●中觀、唯識與因明

六莊嚴各有專精，最早的兩位是龍樹(Nagarjuna)與提婆(Aryadeva)，根據中觀思想(Madhyamaka)講述空性。接下來是無著(Asanga)與世親(Vasubandhu)，他們著重戒律與修行的法門，遵循唯識論。最後兩位是偉大的佛教因明學家陳那(Dignaga)與法稱(Dharmakirti)，歷史記載他們擅長古印度的邏輯學說，也就是因明學(Hetu-vidya)；(因，指推理的根據、理由；明，即知識、智慧)。

●中觀、唯識是瞭解無上瑜伽的基礎

中觀、唯識是大乘佛教顯宗的二大學派，同時是瞭解無上瑜伽部密續必須具備的基礎認識。**有了中觀與唯識的理論基礎，才能夠透澈理解空性與意識。**龍樹弘揚了中觀學因而創立了「深見派」，無著為弘揚唯識學問創立了「廣行派」，兩派被稱為大乘的二大車軌。

西元六世紀時，中觀派因為辯論方式不同又分成中觀應成派(Svatantrika Madhyamaka)和中觀自續派(Prasangika Madhyamaka)。中觀自續派的創始人清辨(Bhavaviveka)，他是寂護的老師，寂護(Shantarakshita)是西藏佛教史上很有名的人物。中觀應成派的創始人是佛護(Buddhapalita)，佛護的再傳弟子月稱(Candrakirti)著有《入中論》，對藏傳佛教影響也很大。

中觀、唯識與因明的代表人物

六莊嚴

大乘佛教先後有六個代表人物被稱為「南贍六莊嚴」，意思是這六位聖賢把世界裝飾得很美好。

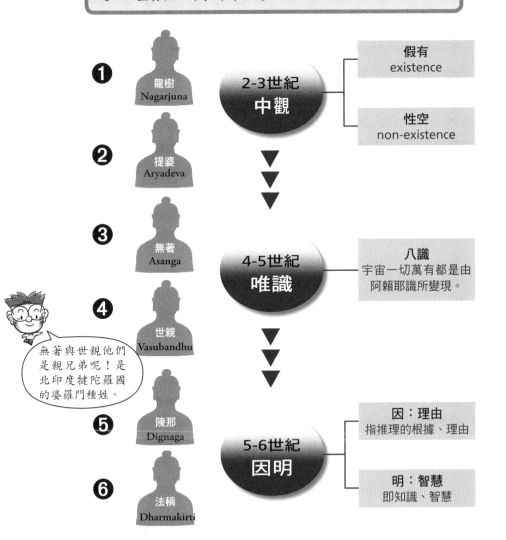

❶ 龍樹 Nagarjuna

❷ 提婆 Aryadeva

2-3世紀 中觀
- 假有 existence
- 性空 non-existence

❸ 無著 Asanga

❹ 世親 Vasubandhu

4-5世紀 唯識
- 八識 宇宙一切萬有都是由阿賴耶識所變現。

無著與世親他們是親兄弟呢！是北印度犍陀羅國的婆羅門種姓。

❺ 陳那 Dignaga

❻ 法稱 Dharmakirti

5-6世紀 因明
- 因：理由 指推理的根據、理由
- 明：智慧 即知識、智慧

無上瑜伽密續的思想基礎

提倡空觀的中觀派，重要主張是什麼？

世界上一切事物都依賴一定的條件而存在，其本身沒有任何不變的實體。「中觀」是超越存在與不存在的對立概念，既不是存在，也不是不存在的觀點。

中觀派（Madhyamaka）大約於二～三世紀由龍樹及其弟子提婆所創立，主要是以龍樹的中論為基礎，宣揚空觀而得名。雖然其他派別主張存在（有）與不存在（無）的概念，但**中觀理論不著有、無二邊之觀點，故稱「中觀」。**此外，中觀派更進一步認為，空性像是一個創造者，所有現象都可以被視為潛藏的究竟本質的顯現。

●中觀派提出二諦圓融的概念

中觀派還提出二諦圓融的説法，二諦是指世俗諦與勝義諦，圓融是二者融合為一。中觀派認為在勝義諦之外，還應承認與之相對的世俗諦。對修持佛法的人應該説勝義諦，説空性真理；對被無明（無知）遮蔽的凡夫，應該説世俗諦。在中觀的理論基礎之下，凡是俗世的文字語言概念所獲得的認識，皆屬於戲論範圍，稱為世俗真理；依照佛理而直覺現觀，才能夠證得的諸法實相，則稱為究竟真理，即宇宙最後的真理。文字語言與直覺現觀代表認識空性與體驗空性的兩種不同層面。**在這概念之下承認俗世和勝義的存在，就是超越了存在（有）與不存在（無）二者。**

●諸多「融合為一」的概念

如果仔細研究整個中觀派的理論，會發現中觀涵蓋許多融合為一（圓融）的概念，例如，在理論上將「性空」與「方便」融合為一。在認識上，將「名言」與「實相」融合為一（「名言」即是依據世俗文字語言的概念所獲得的認識）。在方法上，將「世俗諦」與「勝義諦」融合為一。在宗教實踐上，將世間與出世間、輪迴與涅槃融合為一，這即是「假有性空」的觀點。

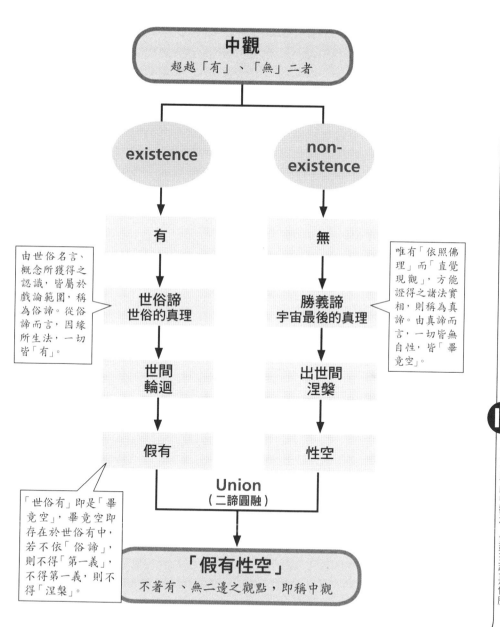

中觀
超越「有」、「無」二者

existence

non-existence

有

無

世俗諦
世俗的真理

勝義諦
宇宙最後的真理

世間
輪迴

出世間
涅槃

假有

性空

由世俗名言、概念所獲得之認識，皆屬於戲論範圍，稱為俗諦。從俗諦而言，因緣所生法，一切皆「有」。

唯有「依照佛理」而「直覺現觀」，方能證得之諸法實相，則稱為真諦。由真諦而言，一切皆無自性，皆「畢竟空」。

Union
（二諦圓融）

「世俗有」即是「畢竟空」，畢竟空即存在於世俗有中，若不依「俗諦」，則不得「第一義」，不得第一義，則不得「涅槃」。

「假有性空」
不著有、無二邊之觀點，即稱中觀

15

提倡空觀的中觀派，重要主張是什麼？

79

無上瑜伽密續的思想基礎

●中觀派修行者的思惟與觀修

中觀派在實踐上的偉大見解是將世間煩惱與出世間的涅槃融合為一，二者並沒有什麼差別。這樣的概念被實踐並應用在禪觀的技巧。怎麼應用呢？中觀一方面認同世俗真理的存在，不否定語言、概念所成立的現象，但同時也依據究竟真理來看待、思惟一切現象，如此便會發現世間並沒有絲毫真實存在的體性(或實體)，所以推翻了主張外在有實體真實存在的小乘宗派，和主張心是真實存在的唯識宗。中觀派的修行者依這兩種看似對立的見解來思惟、觀修，並獲得很大的成就。不過因為宣揚中觀學說時採用的論證方式不同，又分成中觀自續派(Prasangika Madhyamaka)和中觀應成派(Svatantrika Madhyamaka)二支。（詳見單元16）

中觀的圓融

中觀論點裡有
四種圓融

1 理論

方便	性空

融合為一

2 認識

名言 （文字語言）	實相 （直覺現觀）

融合為一

「融合為一」就是
指在勝義諦之外，
還應承認與之相對
的世俗諦。

3 方法

世俗諦	勝義諦

融合為一

4 宗教實踐

世間 輪迴	出世間 涅槃

融合為一

⑮

提倡空觀的中觀派，重要主張是什麼？

無上瑜伽密續的思想基礎

什麼是「中觀應成派」與「中觀自續派」？

中觀派宣揚空觀思想時，分別採用不同的論證方法，因而發展出中觀應成派與中觀自續派。

約六世紀左右，唯識學說在印度日漸擴大影響，持中觀論的佛護、清辨兩人標榜恢復龍樹、提婆的學說，於是和唯識學者展開「空有之諍」，這時中觀派才正式形成。但是又因為佛護和清辨在宣揚中觀學說時採用的論證方式不同，產生了應成派與自續派等兩大學派的說法。

佛護繼承龍樹、提婆以來的「破而不立」的傳統，主張以因明論式（因，指推理的根據、理由；明，即知識、智慧）破斥論敵的觀點，但是自己不提正面主張，以此顯示中道的「空」。後代把這一派稱作「應成派」或「歸謬論法派」。清辨則主張不論是破是立，都應該用因明論式選立適當的比量去積極地表述「空」。後代把這一派稱作「自續派」或「獨立論證派」。兩派對中觀理論各有發展。

●重要的知識：藏傳佛教四大教派都支持中觀派

印度根據哲學觀點的不同，出現四個主要的學派，就是有部、經部、唯識和中觀。但藏傳佛教四大教派都支持中觀派的哲學思想，由此可見，四大教派沒有根本上的哲學差異。有部的見解是三世實有，業果及前後世為真實有；經部的見解是一切有為法，有真實作用者皆為勝義諦，無真實作用者皆為世俗諦。

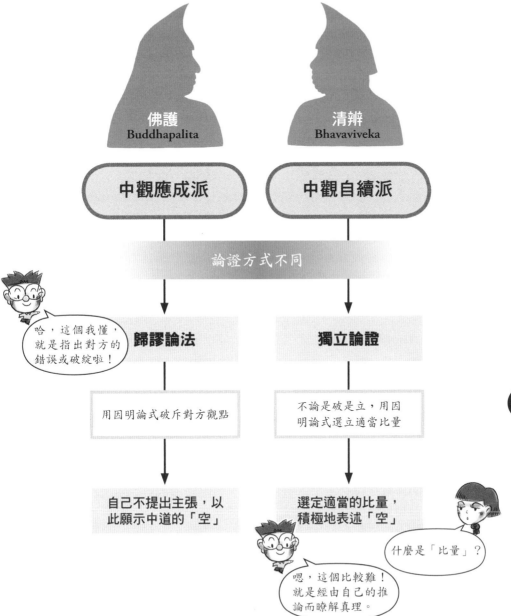

中觀應成派與中觀自續派

佛護
Buddhapalita

清辨
Bhavaviveka

中觀應成派

中觀自續派

論證方式不同

哈，這個我懂，就是指出對方的錯誤或破綻啦！

歸謬論法

獨立論證

用因明論式破斥對方觀點

不論是破是立，用因明論式選立適當比量

自己不提出主張，以此願示中道的「空」

選定適當的比量，積極地表述「空」

什麼是「比量」？

嗯，這個比較難！就是經由自己的推論而瞭解真理。

無上瑜伽密續的思想基礎

唯識論對心的主張是什麼？

唯識論把心的運作分成八識。

以唯識學說為基礎的瑜伽行派認為，世界所有一切現象都是由心識所變現，心識以外沒有獨立的實體存在，這個論點稱為「唯識無境」。在這個觀點之下，認為一切有情的心識可以分為八種，分別是：眼識、耳識、鼻識、舌識、身識、意識、末那識與阿賴耶識。

●前五識與第六識

首先是前五識，是能夠分別外在對境的眼、耳、鼻、舌、身等識，而第六識意識，是想像、思考等統覺的作用。前五識加上第六識，以各自相應的感覺器官：眼、耳、鼻、舌、身、意等作為接收的根據，這六種感官稱為「六根」。與此六根相應的、幻現的外境，稱為「六塵」，即色、聲、香、味、觸、法，作為六根認識的對象。由於六塵常會擾亂人心，使人們變得失去智慧與定力，宛如竊賊劫取家寶，所以又被比喻為「六賊」。

●第七末那識與第八阿賴耶識

第七識是潛在的自我意識「末那識」。末那識是梵語Manas的音譯，意思是「意」或「思量」。**它是一切輪迴的根源，構成眾生意識或潛意識裡的我執。**末那識的活動伴隨四種根本煩惱，即我痴、我見、我慢、我愛，使人們陷於痛苦和生死輪迴。

第八識「阿賴耶識」（Alaya）是前七識的根本核心，也是前七識的共同根據，宇宙萬有的根源。阿賴耶識是含藏種子的心識，**這個種子是可以產生世界各種現象的精神因素，因此阿賴耶識又被稱為「藏識」或「種子識」。**追根究柢，在唯識論的概念下，世界萬物只是阿賴耶識的顯現，所以「境依識起，唯識無境」。唯識無境的這個概念成為瑜伽行派之理論與實踐的重要基石，而且也對金剛乘產生深遠的影響。

八識的分類

唯識論的重要觀點是把有情眾生的「識」分為下面八種：

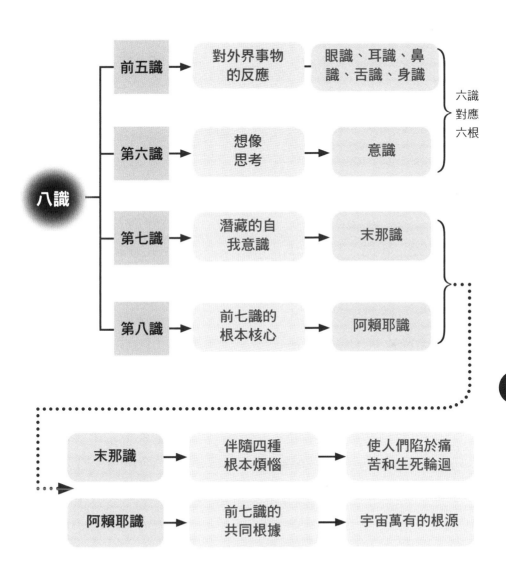

阿賴耶識是世界萬有的本源？

阿賴耶識儲藏無數各類心識的種子，種子會不斷「成熟」，不斷輾轉變化，於是形成宇宙間千萬現象。潛藏在每一個人身上的阿賴耶識並不會隨著肉體的死亡而消失。

第八識阿賴耶識具有三種體相，因此有三種名稱。原本阿賴耶識這個字就被稱為「藏識」，在這之外還有能藏、所藏、我愛執藏等三層意涵。

●能藏、所藏、我愛執藏

能藏，指阿賴耶識能夠攝取和保存一切「種子」，具備了特殊的潛在力。當種子或潛在力時機成熟時，能生出宇宙萬物，如同稻、麥等種子發芽、成長的變化。阿賴耶識因具備形成宇宙萬有的潛在力，所以稱為「能藏」。

所藏，「所」一詞意指居所、住處或儲藏位置。阿賴耶識被視為生起宇宙萬有潛在力的所藏之處，是能量的保存位置。因為阿賴耶識原是各類「種子」儲藏與棲身之處，宛如一座神奇的「倉庫」，所以稱為「所藏」。

我愛執藏，第七識末那識與阿賴耶識之間的關係微妙，兩者好比鏡子前的物體與鏡面本身。末那識的我痴、我見、我慢、我愛等妄執就如同物體，顯現在阿賴耶識這片鏡面上，這好比「我、愛、執」藏在「阿賴耶識」上，所以阿賴耶識又稱「我愛執藏」。

●輪迴的主體是「阿賴耶識」，輪迴的動力是「業」

那麼心識與肉體之間的關係為何？當人體死亡之後，前五識與第六識都會消逝，但阿賴耶識並不會隨著肉體的死亡而消失，它將進入輪迴的過程。唯識論認為輪迴的主體是「阿賴耶識」，輪迴的動力是「業」，輪迴的結束即是「解脫」。**想要解脫就得將阿賴耶識轉到淨土，才能脫離六道的輪迴。**

阿賴耶識的三種體相

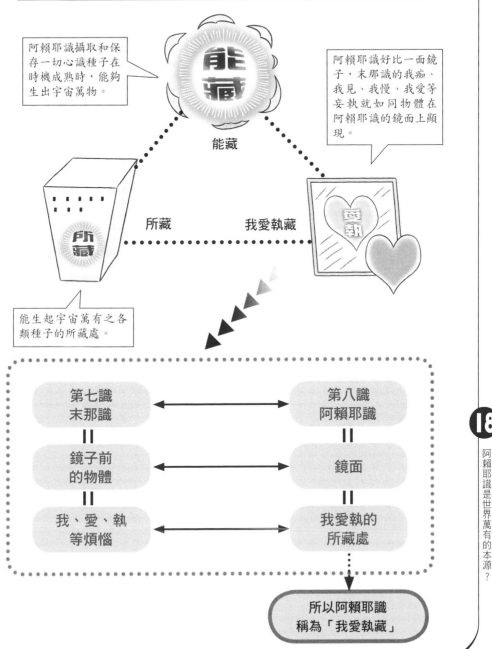

阿賴耶識攝取和保存一切心識種子在時機成熟時，能夠生出宇宙萬物。

阿賴耶識好比一面鏡子，末那識的我癡、我見、我慢、我愛等妄執就如同物體在阿賴耶識的鏡面上顯現。

能藏

所藏　　　　我愛執藏

能生起宇宙萬有之各類種子的所藏處。

第七識 末那識	←→	第八識 阿賴耶識
‖		‖
鏡子前 的物體	←→	鏡面
‖		‖
我、愛、執 等煩惱	←→	我愛執的 所藏處

所以阿賴耶識
稱為「我愛執藏」

18

阿賴耶識是世界萬有的本源？

無上瑜伽密續的思想基礎

唯識論的奠基者－無著

無著大師生於西元三、四世紀間的印度，他綜合了印度之前的大乘教法，成立唯識無境的理論及菩薩道的修行方法。

●闡述的唯識理論為印度大乘佛教瑜伽行派的基礎

印度學者無著（Asanga）出生於古印度犍陀羅國富婁沙富羅（今巴基斯坦的白沙瓦），屬婆羅門種姓階級。曾在那瀾陀寺住過十二年，後卒於王舍城。他先在化地部出家，修習小乘佛教，後來改宗為大乘佛教，據稱曾跟隨彌勒學習《瑜伽師地論》，從此專門研修「唯識思想」（Vijptimtrat）。在無著的影響之下，其弟世親（Vasubandhu）也由小乘改宗大乘佛教，兄弟倆同時成為「唯識理論」的奠基者。無著所闡述的唯識理論為印度瑜伽行派（Yogacara）的基礎，其教法深刻地影響印度、中國、西藏的佛教思想和修行。

●無著的唯識論與中觀派相對立

無著所主張的「唯識無境」與中觀派的「緣起說」形成對立學說。唯識無境的論點認為「唯有內心，心外無境」。在他的著作《攝大乘論》中闡明，阿賴耶識是一切諸法的根本，也是生死輪迴的主體。

無著提出阿賴耶識有三種特質：第一，阿賴耶識能把一切事物生成的原因藏於自身，並保存一切心識種子，形成宇宙萬有的潛在力量，並和宇宙萬物顯現的狀態互為因果關係。第二，阿賴耶識是宇宙萬有潛在力的所藏之處。第三，阿賴耶識是恆常流轉的識，它能顯現末那識的妄執。

除了唯識論，無著還涉獵因明學，貢獻頗多。他的著作現存約三十種，主要有：《攝大乘論》、《順中論》、《金剛般若經論》、《顯揚聖教論》、《大乘阿毗達磨集論》、《六門教授習定論》等等。此外，無上瑜伽密續中的《密集金剛密續》亦被視為無著的作品。

無著大師與瑜伽行派

❶無著大師曾跟隨彌勒菩薩學習《瑜伽師地論》，從此專門研修「唯識理論」。

❷在無著大師的影響下，其弟世親也由小乘佛教改宗大乘。

瑜伽行派

❸無著大師與其弟世親同時成為「唯識理論」的奠基者及瑜伽行派的大師。

唯識無境

❹無著大師所主張的「唯識無境」，其論點為「唯有內心，心外無境」。

無上瑜伽密續的思想基礎

瑜伽行派如何主張「轉識成智」？

我們的心有八個「分別作用」的識，這分別作用會產生雜染的心識。將雜染的八識轉化為四種清淨智，才是清淨正智。

瑜伽行派（Yogacarika）以唯識學說為主要的理論基礎，故亦稱為唯識學派（Vijbapti-vadin）。修持這派的人被稱為「瑜伽師」，以彌勒、無著、世親之學為宗。其重要的主張是：世界上的一切現象都是由人們精神的總體──「識」所轉變顯現出來的。

●瑜伽行派的「瑜伽」是結合身心、集中精神的修行方法

瑜伽行派的「識」共有八識，是眼識、耳識、鼻識、舌識、身識、意識、末那識、阿賴耶識。人們的心有這八個「分別作用」的識，這個分別作用會產生雜染的心識。只有在心變得不起任何分別作用，才可以開展生起一種赤裸無污染的純淨。將雜染的八識轉化為四種清淨的智慧智，才是清淨正智。這即是「轉識成智」的概念。

有關瑜伽行派的「瑜伽」一詞，梵語原意是相應、結合，不過在瑜伽行派還有另一層含意，就是結合身心、集中精神的修行方法。透由瑜伽可以控制和運用人類的心念，發展直觀的能力，達到解脫或成佛的理想。

●《金剛頂經》如何談轉識成智？

《金剛頂經》延續瑜伽行派的理論思想，亦論及轉識成智。還記得嗎？前面說過《金剛頂經》以大日如來為受用身，宣揚「五佛顯五智」。其中最重要的智慧是中央大日如來的法界體性智，其餘四智都是唯識所轉，即：前五識（眼識、耳識、鼻識、舌識、身識）轉化為「成所作智」，第六意識轉化為「妙觀察智」，第七末那識轉化為「平等性智」，第八阿賴耶識轉化為「大圓鏡智」。

轉識成智的方法

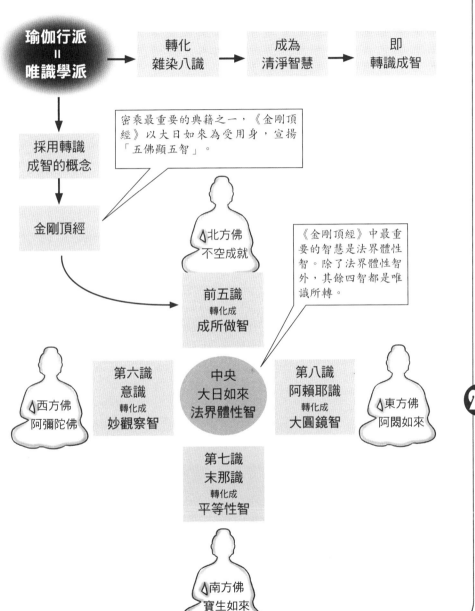

瑜伽行派
=
唯識學派

轉化
雜染八識 → 成為
清淨智慧 → 即
轉識成智

採用轉識
成智的概念

↓

金剛頂經

密乘最重要的典籍之一，《金剛頂經》以大日如來為受用身，宣揚「五佛顯五智」。

《金剛頂經》中最重要的智慧是法界體性智。除了法界體性智外，其餘四智都是唯識所轉。

△北方佛
不空成就

前五識
轉化成
成所做智

△西方佛
阿彌陀佛

第六識
意識
轉化成
妙觀察智

中央
大日如來
法界體性智

第八識
阿賴耶識
轉化成
大圓鏡智

△東方佛
阿閦如來

第七識
末那識
轉化成
平等性智

△南方佛
寶生如來

21

無上瑜伽密續的思想基礎

無上瑜伽如何看待心識？

無上瑜伽部密續將心識分成粗重、細微與最細微等三大意識。

粗重意識是**表層**的意識，是人們平常的感受與知覺。細微意識是**潛在**的意識，藉由瑜伽訓練有可能生起。最細微意識是**深層**的意識，人在活著時是無法輕易察覺的。

●粗重意識（The Gross Levels of Mind）

粗重意識指的是平常人的一般感知，又可分成兩類，共同負責體驗人類大部分的情緒。第一類是最粗的粗重意識：眼識、耳識、舌識、鼻識、身識，這些是外在客觀環境或事物通過感覺器官，在人腦中所引起的直接反應。第二類是較細的粗重意識，即八十種概念意識，具有分別的作用，是發生在意識與無意識之間的心理過程。較細的粗重意識是一種本能、不自覺的反應，但能支配人的一切思想、行為。無上瑜伽密續依氣動的強度，將較細的粗重意識分做三類：強大氣動者，如恐懼、執著、飢餓；中度氣動者，如慈悲，喜悅；微弱氣動者，如憂鬱、懶惰、懷疑。

●三種細微意識（ The Subtle Levels of Mind）

接著談細微意識，這是不為個人所覺知，且他人也不能予以直接觀察的心理狀態。每一個人在臨終時四大分解後，有機會體驗到細微意識。而無上瑜伽修行者能在生前體驗這類細微的意識。細微意識有三種心境，分別是白顯心（Appearance）、紅增心（Increase）與黑近成就心（Near-attainment）。

●最細微意識（The Subtlest Levels of Mind）

無上瑜伽最後與最重要的訓練是最細微意識，它即是根本淨光心（Clear Light），也就是佛性。淨光的特質是與生俱有的。對於每個人而言，最細微意識是一出生就具備的。

三種意識

無上瑜伽部密續將意識分成三大類：粗重意識、細微意識與最細微意識。粗重意識是表層的意識，是人們平常的感受與知覺。細微意識是潛在的意識，經由瑜伽訓練有可能察覺。最細微意識是深層的意識，人活著時是無法輕易察覺的。

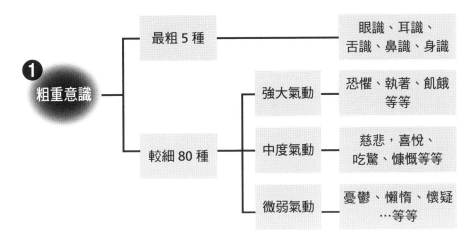

① 粗重意識

- **最粗 5 種** —— 眼識、耳識、舌識、鼻識、身識
- **較細 80 種**
  - 強大氣動 —— 恐懼、執著、飢餓等等
  - 中度氣動 —— 慈悲，喜悅、吃驚、慷慨等等
  - 微弱氣動 —— 憂鬱、懶惰、懷疑…等等

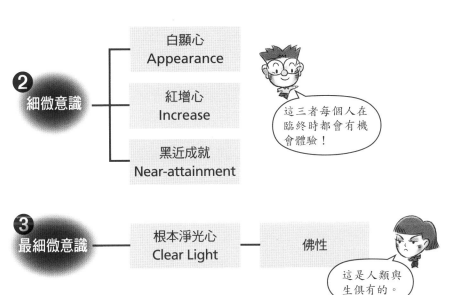

② 細微意識

- 白顯心 Appearance
- 紅增心 Increase
- 黑近成就 Near-attainment

這三者每個人在臨終時都會有機會體驗！

③ 最細微意識

- 根本淨光心 Clear Light —— 佛性

這是人類與生俱有的。

22

無上瑜伽密續的思想基礎

據說人的粗重意識有八十五種之多？

無上瑜伽部將心識分為粗重、細微與最細微三類。其中粗重意識又可細分成較粗的五識與較細的八十種概念意識。

平日活著的心識是粗重意識的顯現，臨終時則是深層的細微意識及最細微意識的顯現。在修行過程中，粗重意識所具備的開發潛力是非常有限，所以金剛乘修行者在**生前努力**學習將粗重意識轉化成細微意識，如此才能提升修行的潛能，做好準備，在臨終時體驗最細微意識，並在此刻了悟空性智慧。從這個角度來看，認識並了解粗重意識，對修行者而言也是重要的功課。

●粗重意識有兩大類

無上瑜伽部密續依氣動的強度，對粗重意識有詳盡的分類。較粗的粗重意識有五種，是指「眼、耳、鼻、舌、身」五識的感知。較細的粗重意識包含八十種概念性分別的意識，其中有的屬於善心，有的屬於惡心。像「善惡、淨垢、美醜」這樣的概念就是**分別作用下的二元對立概念**，就是產生無明、煩惱，以至於迷惑，這就是能令輪迴流轉不停的動力。

●較細的粗重意識有三類層次

較細的粗重意識可分成強、中、弱等三類層次：❶對物質有強大的氣動，包含三十三種概念化的經驗，例如恐懼、執著、飢餓、飢渴、慈悲、貪欲、嫉妒等等，都屬於強大氣動的粗重意識，它們與細微意識的白顯心有著密切的關係。❷對物質有中等的氣動，包含四十種概念化的經驗，例如喜悅、吃驚、慷慨、不誠實、不溫順等等。這些性質的情緒被歸類為粗重意識的中等氣動，與細微意識的紅增心有關，其氣動強度雖不如前者影響直接，但還是會讓情緒不穩定。❸對**物質有微弱的氣動**，包含七種概念化的經驗，例如遺忘、緊張、憂鬱、懶惰、懷疑、半貪、半瞋，這些性質與細微意識的黑近成就心有關。它們雖然只是不自覺的反應，仍然能支配人的思想與行為。

粗重意識轉化的五個步驟

較粗的粗重意識有5種，較細的粗重意識有80種。修習無上瑜伽要先認識粗重意識（步驟1），並將之轉化成細微意識（步驟2~步驟4），如此在臨終時才有可能體驗到最細微意識，並且在此刻了悟空性的智慧（步驟5）。

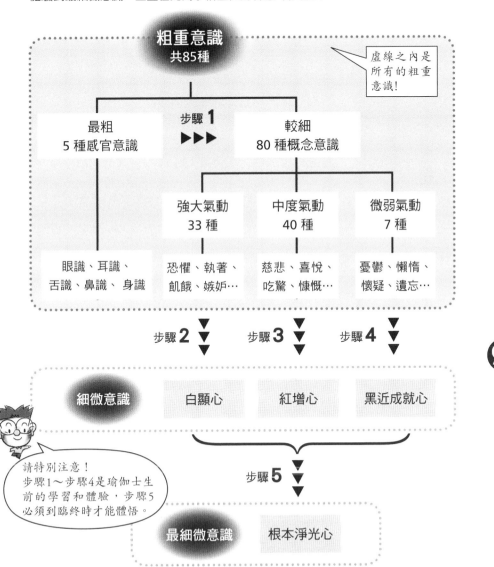

粗重意識
共85種

> 虛線之內是所有的粗重意識！

最粗
5 種感官意識

步驟1 ▶▶▶

較細
80 種概念意識

強大氣動
33 種

中度氣動
40 種

微弱氣動
7 種

眼識、耳識、舌識、鼻識、身識

恐懼、執著、飢餓、嫉妒…

慈悲、喜悅、吃驚、慷慨…

憂鬱、懶惰、懷疑、遺忘…

步驟2 ▼▼

步驟3 ▼▼

步驟4 ▼▼

細微意識

白顯心　　紅增心　　黑近成就心

> 請特別注意！
> 步驟1～步驟4是瑜伽士生前的學習和體驗，步驟5必須到臨終時才能體悟。

步驟5 ▼▼

最細微意識　　根本淨光心

無上瑜伽密續的思想基礎

無上瑜伽如何轉化粗重意識，開發證悟的能力？

粗重意識在無上瑜伽的修行裡，所能發揮的作用非常有限，修行者必須努力轉化到細微意識，藉由具有較高的證悟潛能的心識能力，來進行無上瑜伽的修行。

●意識的作用

在一般定義上，意識泛指一切精神活動，如知覺、記憶、想像等皆屬之；亦可作為覺察，例如一個人意識到事態的嚴重性。在佛教定義上，意識是**指對一切現象能產生分別作用的心**。《阿毗達磨俱舍論·卷一》寫著：「意識相應散慧，名為計度分別。」就是這個意思。而瑜伽行派認為，意識具有「分別作用」，會產生雜染的意識，阻礙成佛，必須要轉化八識為四種清淨的智慧，才是有助於解脫的清淨正智。同樣地，在無上瑜伽密續亦論及意識的轉換：一個人要達到細微意識，**必須要讓粗重意識先減弱並暫時停止作用**，也就是先讓六根（眼、耳、鼻、舌、身、意）清淨，才有機會進入細微意識。

●無上瑜伽如何轉化意識？

那麼意識的「轉化」與意識所具有的「分別作用」是什麼樣的關係呢？「分別作用」指的就是「概念的二元對立」，即兩種事物或兩種概念互相之間會產生對立、排斥、牴觸，例如善惡、淨垢、美醜的概念等等。意識的轉化便是要超越這種二元對立。無上瑜伽密續修行者要溶解粗重意識，進入細微意識，才有機會體證最細微意識，這時修行者的意識才能真正超越二元對立，並超越二元對立所掌控運行的物質世界。

為了達到這樣的境界，無上瑜伽修行者會以禪定觀想技法溶解（Dissolve）並撤離（Withdraw）粗重意識（Mind）與驅動粗重意識的氣（Wind），進入細微意識，並且期望最後能轉化進入最細微意識，也就是根本淨光心（The Fundamental Innate Mind of Clear Light）。

粗重意識轉換成細微意識的過程

每個人在臨終過程四大分解之後，都有機會體驗細微意識的三種心：白顯心、紅增心、黑近成就心，但在生前是很難有這樣的體驗。無上瑜伽修行者透過甚深的瑜伽技法，是有機會在生前體驗「細微意識」的。他們以禪定觀想技法溶解並撤離粗重意識與驅動粗重意識的氣，以體驗細微意識三種心。

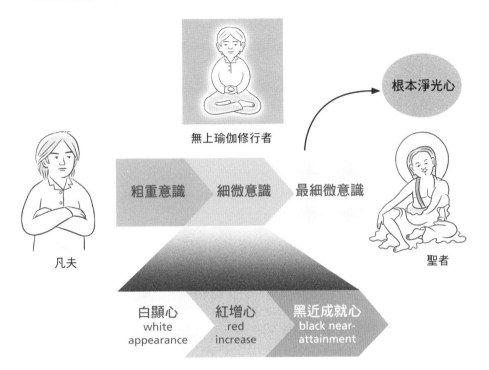

無上瑜伽修行者

根本淨光心

粗重意識　細微意識　最細微意識

凡夫

聖者

| 白顯心 white appearance | 紅增心 red increase | 黑近成就心 black near-attainment |

粗重意識 ▶▶▶▶▶▶▶▶ 細微意識

溶解（Dissolve）並撤離（Withdraw）
粗重意識（Mind）與驅動粗重意識的氣（Wind）

23

無上瑜伽密續的思想基礎

最細微意識指的是根本淨光心？

沒有比根本淨光心更細微的心了。根本淨光心就是最細微意識，是輪迴與涅槃的基礎。

輪迴（Samsara）是循環不息的，對於一切尚未證得解脫的眾生，由於業力的關係，不停在六道內流轉。與之相對的涅槃（Nirvana），是佛教修行者的終極理想，意思是滅、滅度、寂滅。證悟者滅除貪、瞋、痴，達到所有煩惱都已止息的境界，便永不再輪迴生死。輪迴與涅槃雖然是相對的，但是它們卻有一個共同的基礎，即是根本淨光心。根本淨光心就是最細微意識的另一種稱謂，它自「無始」輪迴以來就存在，沒有起點也沒有終點。根本淨光心的本質是**與生俱來的**（Innate）。根本淨光心還有另一個本質是**根本的**，是一切意識的根基與基礎，所以又被稱為根本心（Fundamental Mind）、根本淨光性或佛性。

●最細微意識是根本淨光心，而細微意識是較粗的三種心

相較於粗重意識，細微意識與最細微意識（根本淨光心）更具備了證悟的能量，但兩者之間仍有差異。細微意識的白顯心、紅增心與黑近成就心等三種心，**都是新近所造成的**，不同於根本淨光心是**無始以來就存在**。細微意識的這三種心是暫時與偶發的，在所緣的力量下必然會停止。它們雖然比粗重意識更細微，但與永恆存在的根本淨光心相較，還是粗糙的，而且是短暫存在。此外，這三種心也與業力有關，因為業力是由粗重意識的層面所生成的，如果能持續安住在淨光心之中，不退至較粗重的層面，就不會有機會累積業。

●臨終時將三種心轉換成根本淨光心

每個人在臨終時都有機會體驗細微意識的白顯心、紅增心與黑近成就心，但是在生前是很難有這樣的體驗。無上瑜伽行者透過甚深的瑜伽技法，能在生前體驗到細微意識，這一切都是為了在死亡時可以經由細微意識順利地轉化到最細微意識，也就是將細微意識的三種心轉換成根本淨光心，認出自己本來的面目與自己的本性。

細微意識與最細微意識的不同

根本淨光心就是「最細微意識」，是永恆存在的，被視為輪迴與涅槃一切現象的基礎。白顯心、紅增心與黑近成就心三者為「細微意識」，都是新近所造成的。這三種心就如同常人的一般意識一樣，都是短暫而非永恆。

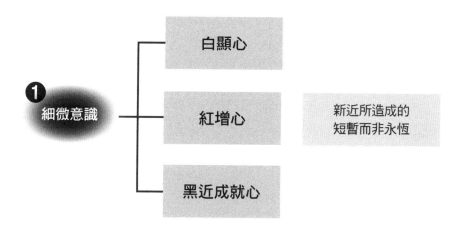

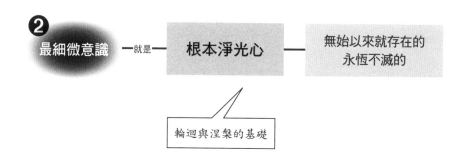

最細微意識會在何時才能顯現出來？

金剛乘認為人即使在暈倒或是呼吸停止的時候，仍有意識存在，但只有在死亡過程中，最細微意識才會顯現。

●暈倒或呼吸停止是關鍵時刻

人的意識是不斷在變化的狀態。當我們在走路、說話、運動或閱讀時，是處於某種我們所熟悉的意識狀態。當我們進入睡夢中又是另一種較深層次的意識狀態。無上瑜伽密續深信在無夢的熟睡狀態，人們可以經歷更深層的意識。

至於更進一步的意識變化，可能會發生在暈倒或呼吸停止的時候，醫學上視此種狀態為半意識或無意識狀態，但在無上瑜伽密續裡，深信人在這種狀態之下仍有意識的存在；甚至更加深信人在死亡過程中，最深層的意識或最細微意識才會顯現；而且**越細微的意識或越深層的意識，越不受肉體的影響**。因為有這樣的認知，藏傳佛教特別重視臨終引導與關懷，《西藏度亡經》在這部分貢獻頗多。其重點便在於闡述人如何在死亡過程中轉化到**最深層的意識**。臨終引導的主要目的是讓臨終者保持清明的意識狀態，如此才有機會體驗最細微意識。

無上瑜伽所認知的意識

人在死亡時最深層的意識才會顯現，而且越細微的意識或越深層的意識，越不受肉體的影響。下面這個金字塔結構說明了意識與肉體的關係，眼、耳、鼻、舌、身等五識在最底層，受肉體影響的程度最大。反之，金字塔的頂端是根本淨光心則完全不受肉體的宰制。

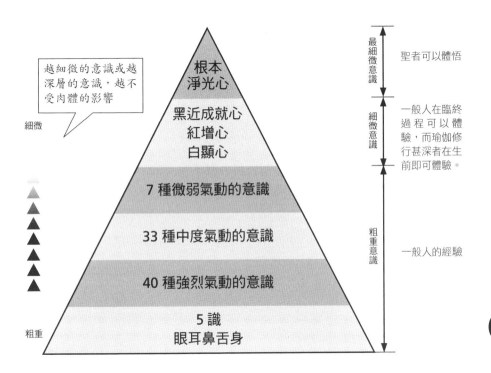

越細微的意識或越深層的意識，越不受肉體的影響

細微

粗重

根本
淨光心

黑近成就心
紅增心
白顯心

7 種微弱氣動的意識

33 種中度氣動的意識

40 種強烈氣動的意識

5 識
眼耳鼻舌身

最細微意識　聖者可以體悟

細微意識　一般人在臨終過程可以體驗，而瑜伽修行甚深者在生前即可體驗。

粗重意識　一般人的經驗

三種意識的特點

- 最細微意識：具備將意識轉化成為明光與覺知的微妙力量。
- 細微意識：細微意識會由此生流轉到來生，但粗重意識不會。
- 粗重意識：粗重意識的種子，含藏在最細微意識的心識之中。

無上瑜伽密續的思想基礎

無上瑜伽和瑜伽行派對「根本意識」的主張不同？

無上瑜伽部的根本意識可以發展成為了悟空性的智慧，而瑜伽行派的根本意識其本質是中立的。

印度瑜伽行派主張一切現象都是心識所轉化變現。該派理論認為只有心識是真實存在，而現象是幻有。瑜伽行派主張八種意識，包括眼識、耳識、鼻識、舌識、身識、意識、末那識和阿賴耶識，其中阿賴耶識就是根本意識。

金剛乘的無上瑜伽部密續也提到了根本意識，但與瑜伽行派所說的並不相同。無上瑜伽所說的根本意識是指最細微意識，也就是根本淨光心、佛性。兩者的根本意識看似相同但仍有差異，關鍵在於無上瑜伽部的根本意識可以發展成為了悟空性的智慧。反之，瑜伽行派的根本意識其本質是中立的，在對立的各方之間，不傾向任何一方。瑜伽行派的根本意識既非善（Virtuous），亦非不善（Non-virtuos）。

根本意識的比較

```
    瑜伽行派              無上瑜伽部密續
```

八識
眼耳鼻舌身意等六識、
末那識、阿賴耶識

粗重意識
細微意識
最細微意識

根本意識
即是
阿賴耶識

根本意識
即是
最細微意識

其本質是中立的
既非善亦非不善

可以發展成為
了悟空性的智慧

打個比方，瑜伽行派的根本
意識就像一面鏡子，本身沒
有好，也沒有壞，只是如實
地反射映照吧了。

所以說無上瑜伽
的根本意識就是
佛性，就是根本
淨光心囉！

26

無上瑜伽和瑜伽行派對「根本意識」的主張不同？

Part **3** 臨終是「無上瑜伽」
脫離輪迴的關鍵

從「無上瑜伽密續」的教法來說，所有瑜伽行
者生前精進努力的目的，都是為了在「臨終」
的那一刻有機會進入意識的最深處。那是什
麼？就是與生俱有的根本淨光心，就是佛性，
就是覺醒的能力。

人們如何經歷臨終死亡的奇幻旅程？

人無論在清醒或深沉的睡夢中，意識活動都不曾停止。同樣的，當人進入臨終死亡，意識也不會消失，它會離開肉體，進入死後的中陰世界。

●臨終死亡是脫離輪迴的關鍵時刻

在整個臨終死亡的過程裡，人們會經歷三個階段：臨終中陰（又分成第一明光顯現與第二明光顯現兩階段）、實相中陰與投生中陰。死後亡者的意識依舊存在，不會消逝，**在隨後的四十九天，它可以選擇另一個肉體再次輪迴，或者將意識遷移到美好的淨土。**著名的《西藏度亡經》（原名：《中陰聞教救度大法》）的精髓就是協助臨終者將意識遷移到美好的淨土，脫離輪迴之苦。而整個無上瑜伽學習與修行的目的就是讓瑜伽行者在這個臨終死亡的關鍵時刻獲得即身解脫。

意識從臨終到完全死亡的過程中，有以下四個重要階段：

●意識還未脫離肉身（臨終中陰之第一明光顯現時）

當臨終者進入彌留狀態時，會經歷地、水、火、風等四大元素分解的過程，死亡徵候會一一顯現，臨終者的肌肉、體力、體熱、呼吸和身體氣色將逐一崩解。隨之進入一種無意識狀態，在舊譯典籍中譯為昏迷狀態。這時候「粗重意識」與「細微意識」暫時都停止作用，而「最細微意識」會覺醒，此時臨終者會看見明光（根本淨光心），並且有機會體驗明光，**將意識遷移到美好的淨土。**

這裡的「粗重意識」包括感官意識（八識中的眼、耳、鼻、舌、身）與心理意識（八識中的意），而「細微意識」是指含藏於心靈底層隱晦不常出現的意識，例如：憂鬱、嫉妒、似曾相識的念頭或景象，甚至是前世的記憶等等。當這些意識都停止作用時，「最細微意識」才有機會認出明光。根器絕佳的瑜伽修行者，會掌握此一重要時刻，將意識遷移到美好的世界，獲得解脫。

認識中陰

一個人從出生到生命結束，進而轉生投胎，一共會經歷六種形式的中陰，分別是：生處中陰、夢裡中陰、禪定中陰、臨終中陰、實相中陰、投生中陰。

許多大成就者一生都在不斷進行禪定中陰、夢裡中陰。

活著的時候

❶ 生處中陰

人間的平常意識境界，也就是一個人從出生到死的所有意識與行為。

❷ 夢裡中陰

指人從睡著到醒來之間的肉身與心靈狀態。修行者會在這個階段進行睡夢瑜伽。

❸ 禪定中陰

禪定中陰包含無數的禪定經驗，由最低層的領悟到最高層的覺悟得道。

死亡的時候

❹ 臨終中陰

人在死亡時會出現短暫的昏迷狀態，是處於一種無意識的境界，延續的時間長短不定，一般來說是 3 天半。

❺ 實相中陰

人真正死亡後會恢復意識，死者會感受到心所發出的奇幻異象與經歷一連串的幻覺。

❻ 投生中陰

即將投入六道輪迴再生時的意識狀態，死者的意識會尋找投生的母體。

臨終是「無上瑜伽」脫離輪迴的關鍵

●意識即將脫離肉身（臨終中陰之第二明光顯現時）

接下來，臨終者會停止呼吸，這種情況稱為「外息」停止。不過此刻，臨終者還未真正死亡，他的生命力會留在中脈，稱為「內息」，這種狀況會持續到心臟不再跳動為止。這時候，臨終者的身體變成一種非常特殊的「淨幻身」（Pure Illusory Body）的狀態，除了最細微意識持續清醒，依然可以看得到明光，在此同時，粗重意識與細微意識再度活動，於是臨終者又可以看得見物質世界，也看得見守候於身旁的親人與他自己，可是並不知道自己死了。簡單的說，臨終中陰第二明光顯現時，**亡者以「最細微意識」體驗明光，同時以「粗重意識」看見物質世界，這即是淨幻身的狀態。「淨幻身」的「淨」（Pure）是指可以體驗明光的狀態，「幻」（Illusory）是指能夠看見虛妄的物質世界**，所以你我現在所處能感受的世界原來是虛妄的物質世界。

●意識完全脫離肉身，業力開始作用（實相中陰）

第二明光之後，臨終者會再次突然昏迷，完全失去意識，進入真正的死亡狀態。大約經歷三天半到四天後，又會醒來。醒來時的意識已經脫離肉身，亡者的肉體已經腐化不堪使用了。這時，意識完全脫離肉體的狀態，稱為意識體（Mental Body）。這個意識體將飄盪在中陰世界。不同於前面淨幻身的階段，這回亡者知道自己已經死亡了。亡者將透過這個意識體，經歷實相中陰一連串的幻景。

●意識準備投入新的肉體（投身中陰）

脫離肉身的這種意識體在過去被翻譯為「意生身」，說明它是一種由意識所形成的身。在中陰世界裡，意識體被視為流動的靈魂複合體，而且是具備「相續」屬性。一旦進入了投生中陰，極可能無法獲得解脫，將再度承受輪迴之苦。「相續」屬性是特有的佛教概念，說明意識如同一連串的精神境相，將繼續地進入母體的子宮之內。

死亡過程裡的意識變化

臨終中陰·第一明光

平常人大約3
天半到4天，
證悟能量高
者可達7天
以上。

臨終中陰·第二明光

① 無意識狀態 肉身

昏迷狀態，約 20～30 分鐘。
意識尚未脫離肉體。可以
體驗第一明光。

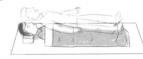

臨終中陰是
即身成佛的
關鍵時刻！

② 意識突然清醒 淨幻身

意識幾乎脫離肉體。
不知道自己是否死亡？
可以體驗第二明光。

昏迷

意識再度睡著！

實相中陰

③ 意識再度清醒 意識體

知道自己已經死亡！
意識脫離肉體成為「意識
體」。
經歷一連串的幻景。

大約 49 天

投生中陰

**④ 意識清醒，
具有神通力** 意識體

意識體感受到生前與來生
的有形身軀。
知道自己已經死亡。
準備投生六道。

27

人們如何經歷臨終死亡的奇幻旅程？

臨終是「無上瑜伽」脫離輪迴的關鍵

人在臨終時會經歷哪四種分解？

佛教認為地、水、火、風「四大」是構成物質的基本元素。當人面臨死亡的時候，逐漸喪失感官知覺與大部分的粗重意識，許多徵候逐一顯現，此過程稱為「四大分解」。

●四大的基本認識

常聽到「四大皆空」這句話，其意思是說構成一切萬物的四大元素都非實有，無自性。一切都虛空而一無所有。四大各有不同特質，其中，堅性的「地」可以支持萬物。濕性的「水」，可收攝萬物，並有向下流動的特質。暖性的「火」，可調熟萬物，是向上流動的特質。動性的風，促成萬物生長。而當人在臨終經歷四大分解時，可以分別感受到心識與身體皆會有強烈的變化。

●四大分解的順序

根據無上瑜伽《密集金剛密續》的說法，人死亡時四大會分解，而且分解的次序是地、水、火、風。首先是地大的崩解，這個階段旁人可以由臨終者的「身體逐漸變小」看出。而內在的變化是臨終者會看到「海市蜃樓」的景象。所謂內在的變化即是臨終者自己的體驗與感受。接著是水大的崩解，臨終者的外貌產生「舌乾眼陷」的徵兆，內在的變化是看到「煙」。第三是火大的崩解，這時候，臨終者的「體溫集中到心輪」的部位。臨終者體驗的內在變化是看到「螢火蟲」。最後是風大的崩解，臨終者呼吸停止，會看到空中彷彿是燃燒著的「油燈」。在這之前顯現的螢火蟲或閃光，到這個階段都消失了，只留下紅色的景象。

四大分解內外變化

根據《密集金剛密續》的說法，人在死亡時經歷四大分解之後，軀體便逐漸崩解，臨終者不但可以強烈感受到外在生理上的變化，也可以清楚見到內在虛幻的景象。

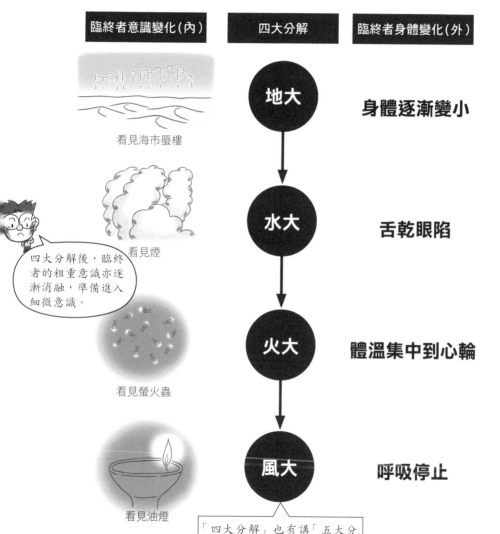

臨終者意識變化(內) | 四大分解 | 臨終者身體變化(外)

看見海市蜃樓

地大 — 身體逐漸變小

看見煙

水大 — 舌乾眼陷

四大分解後，臨終者的粗重意識亦逐漸消融，準備進入細微意識。

看見螢火蟲

火大 — 體溫集中到心輪

看見油燈

風大 — 呼吸停止

「四大分解」也有講「五大分解」，也就是在地大、水大、火大、風大 之外，加上「空大」。

29

臨終是「無上瑜伽」脫離輪迴的關鍵

四大分解之後，臨終者會經歷哪些景象？

「四大」的能量是承載意識的基礎，「四大」分解之後臨終者的意識會產生一系列的幻象，分別是白色景象、紅色景象、黑色景象與最後的燦爛淨光。

上面所描述這一連串的意識變化是金剛乘獨到的見解。

在閱讀這個單元請先有以下的基本概念：意識（Mind）與氣（Wind）是不同的東西，請一定要分清楚。氣會承載、推動意識，當氣消融的時候，意識也就無法轉動而消融，這時便可轉化成更輕的意識。

●一片白色的景象／空

四大溶解之後，推動粗重意識（Mind）的氣（Wind）會開始消散，這種推動八十種妄想的氣會消融並成為一片白色的景象（White Appearance，也可譯為白色顯相），就如同充滿白光的秋季天空。這樣的描述是依據印度的氣候變化，當夏日雨季結束後，接著就是「無雲、無塵」的秋季天空。這是死亡過程所體驗的「四空」（Four Empties）中的第一個狀態「空」（Empty）。此一階段，粗重意識轉變成細微意識。

●天空將會佈滿紅色的天光／非常空

接著，白色景象的細微意識與氣開始溶解，進入紅色景象增強（Increase of Appearance，或譯為紅色增相）的狀態，這時整個天空將會佈滿紅色的天光。這是體驗四空的第二個狀態「非常空」（Very Empty）。此階段是超越前一階段白色顯相的細微意識。

●黃昏過後黑暗遍佈的天空／大空

接著，紅色景象的細微意識與氣開始分解，黑色的景象將會顯現，如同黃昏過後黑暗遍佈的天空，這是近成就心（Mind of Near-attainment，或譯為近相心）的狀態。這時能體驗四空的第三個狀態

臨終者的四種景象與四空

四大漸漸溶解後，臨終者會看見一系列的幻象，產生一連串的意識變化。這四種意識變化亦對應於無上瑜伽修行者在死亡過程中體悟的「四空」：空、非常空、大空、皆空。

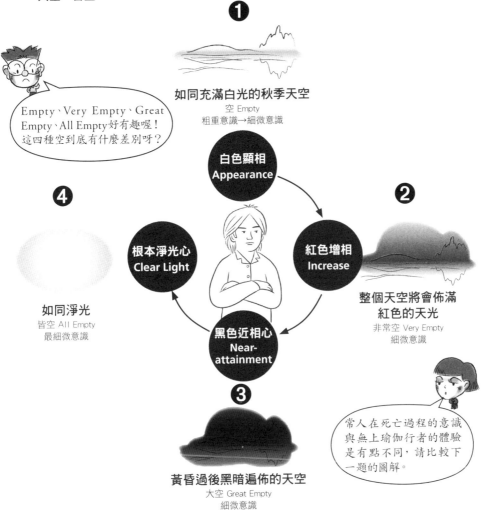

❶

如同充滿白光的秋季天空
空 Empty
粗重意識→細微意識

Empty、Very Empty、Great Empty、All Empty好有趣喔！這四種空到底有什麼差別呀？

❹

如同淨光
皆空 All Empty
最細微意識

白色顯相
Appearance

根本淨光心
Clear Light

紅色增相
Increase

黑色近相心
Near-attainment

❷

整個天空將會佈滿紅色的天光
非常空 Very Empty
細微意識

❸

黃昏過後黑暗遍佈的天空
大空 Great Empty
細微意識

常人在死亡過程的意識與無上瑜伽行者的體驗是有點不同，請比較下一題的圖解。

前一單元四大分解過程的四種內在景象，與這裡意識體驗的四種景象，便是《密集金剛密續》所描述的「死亡的八種徵候」。

「大空」（Great Empty）。此一階段，黑色近成就的細微意識超越前一階段紅色增相的細微意識。

●與生俱有的根本淨光心／皆空

最後的一個階段，比黑色細微意識更細微的狀態出現了，稱最細微意識（The Subtlest Mind）。最細微意識超越了八十種妄見的粗重意識與細微意識的三種心（白、紅、黑），此時能體驗四空的第四個狀態「皆空」（All Empty）。

最細微意識是所有意識的根源，是最深層的意識，被稱為「與生俱有的根本淨光心」（The Fundamental Innate Mind of Clear Light）。從這個名稱可以知道最細微意識具有三大特質：❶與生俱有（Innate）、❷根本的（Fundamental）、❸如同淨光（Clear Light）。這個根本淨光心又稱為「佛性」，到了這個階段是四空之中的「皆空」（All Empty）。

死亡的八個徵候

人在死亡過程中，都會見到下面八個景象。雖然無上瑜伽行者每日修行也都會想像這八個死亡景象，但是，請注意，這時並非真實顯現，而是想像。

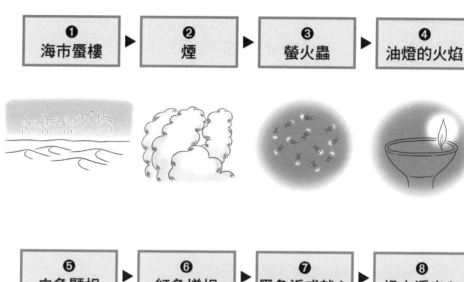

| ❶ 海市蜃樓 | ❷ 煙 | ❸ 螢火蟲 | ❹ 油燈的火焰 |

| ❺ 白色顯相 | ❻ 紅色增相 | ❼ 黑色近成就心 | ❽ 根本淨光心 |

禪修甚深的瑜伽行者不但能見到淨光，還能「體悟」淨光，了解空性。

一般人即使見到根本淨光，也「視而不見」，更別說能體悟淨光。

無上瑜伽行者所體驗的四空,與凡夫有何不同?

體驗三種細微意識與最細微意識,將會有不同的狀態,分別是空、非常空、大空與皆空,稱為「四空」。

在金剛乘裡,「意識」被定義為「明光」與「覺知」等兩層的意思。第一個意涵「明光」,意指清淨的本質,可以點亮或闡明,如同一盞明燈能去除黑暗,讓事物清楚可見。另一個意涵「覺知」,意思是瞭解物像,在瞭解物像的過程中即使是無法正確的認知,還是有某種層次的認知。

當意識由粗重轉化成細微甚至最細微時,即是「闡明」的層面越來越清楚,同時「瞭解物像」的層面也越來越接近真實的本質。隨著闡明與認知的能力開展,修行者可體驗出空、非常空、大空與皆空的不同狀態。雖然無上瑜伽行者的四空體驗與臨終階段的四空體驗非常近似,但不完全相同。

●無上瑜伽行者平日修行體驗的四空

在金剛乘系統裡,脈輪結合人的身體可以形成「壇城」再配合六大(地、水、火、氣、脈、明點),才完備了密續這個概念。

無上瑜伽行者的修習過程中透過瑜伽禪定的技法,將心念專注於脈輪,如此細微意識就有機會顯現,同時也能體驗不同類型的空。**第一個狀態「空」**,是瑜伽士轉化粗重意識中四十種強大氣動之後的體悟。**第二個狀態「非常空」**,是轉化意識中三十三種中度的氣動之後的體悟。**第三個狀態「大空」**,是轉化意識中七種微弱氣動之後的體悟。**最後一個狀態「皆空」**,是非常難達到的境界,很不容易在生前體驗,就算是一位證悟能量極高的無上瑜伽修行者也只能在禪觀過程中一瞥死亡淨光(即「根本淨光」)。請注意,是僅止於一瞥而已,並無法恆久的。真正要能完全領悟死亡淨光,要到人生的盡頭死亡的那一刻,才有機會證得。

無上瑜伽行者的四空

無上瑜伽行者透過瑜伽禪定的技法，將心念專注於輪脈，如此細微意識就有機會顯現，同時也能體驗不同類型的「空」，分別是：空、非常空、大空與皆空。

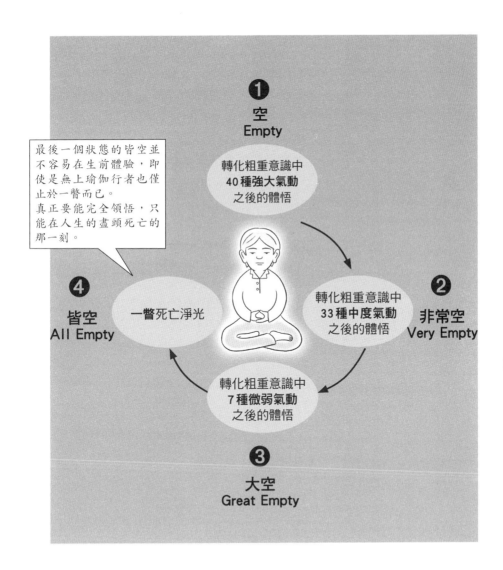

❶ 空 Empty

轉化粗重意識中 **40種強大氣動** 之後的體悟

最後一個狀態的皆空並不容易在生前體驗，即使是無上瑜伽行者也僅止於一瞥而已。
真正要能完全領悟，只能在人生的盡頭死亡的那一刻。

❹ 皆空 All Empty

一瞥死亡淨光

❷ 非常空 Very Empty

轉化粗重意識中 **33種中度氣動** 之後的體悟

轉化粗重意識中 **7種微弱氣動** 之後的體悟

❸ 大空 Great Empty

無上瑜伽行者如何預演死亡這齣戲？

無上瑜伽的修行者為了熟悉死亡會碰到的八種徵候，必須在觀想中練習三種正念，讓意識清醒，保持清明與寧靜，去體驗徵候變化的狀態。

死亡徵候是指臨終時所顯現的各種跡象、徵兆，在整個過程中會顯現八種徵候。不過，對禪修甚深的瑜伽行者而言，可能在生前就有機會體驗，不一定要等到臨終時才體驗。對他們而言，死亡像是一齣大戲，在正式演出前會反覆排演。禪修甚深的修行者是可以在生前不斷地預演死亡這齣戲。但並不是每個修行者都辦得到讓八種死亡徵候顯現，唯有高級的瑜伽修行者才有可能顯現這八種徵候。而高級瑜伽修行者與一般修行者的差別就在於三正念。

●保持三正念

無上瑜伽行者為了熟悉八種死亡徵候，必須在觀想中（想像中）保持三種正念。正念包含了「意念空性」的禪修，這是重要的修行方法，無論外在環境如何變化，心念仍然保持在專注於一的狀態。這三種正念包括：❶確認現在顯現的徵候、❷確認先前顯現的徵候、❸再確認即將顯現的徵候。三種正念的目的是讓意識清醒，心要盡可能保持清明與寧靜，去體驗景象變化的狀態。

●三正念的範例

範例一：煙（先前顯現）、螢火蟲（現在顯現）、油燈的火焰（即將顯現）。
範例二：白色顯相（先前顯現）、紅色增相（現在顯現）、黑色近成相心（即將顯現）。

瑜伽行者一旦有足夠的訓練與熟悉度時，所有的徵候會自動生起。

死亡八徵候與三正念

無上瑜伽修行者運用「三正念」來熟悉死亡的八種徵候。所謂「正念」是
包含「憶念空性」的禪修，這是重要的修行方法，儘管外在環境不斷變化，心
念仍然能保持在專注於一的狀態。

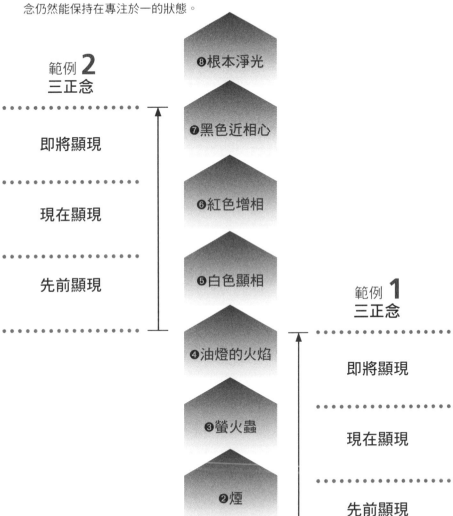

範例 **2**
三正念

即將顯現

現在顯現

先前顯現

❽根本淨光

❼黑色近相心

❻紅色增相

❺白色顯相

❹油燈的火焰

❸螢火蟲

❷煙

❶海市蜃樓

範例 **1**
三正念

即將顯現

現在顯現

先前顯現

32

意識的最深處含藏著什麼？

意識的最深處就是根本淨光心，或說根本意識，它的特質是與生俱有的，是根本的，也就是是佛性。

從「無上瑜伽密續」的教法來說，所有概念分別的心識都屬於粗重意識。它們是在白色顯相、紅色增相、黑色近成就心與根本淨光心等深層的意識尚未顯現的時候運作；換句話說，粗重意識也就是在活著的時候運作。因此，像喜怒、美醜、好壞等等的分別概念，與貪、瞋、痴等妄見心，**時時刻刻都在影響、操控我們。**如果能讓粗重意識暫時停止，那麼便可停止概念分別的作用。這是所有瑜伽修行者生前精進努力的目的，如此，他們在臨終時才可以進入細微意識，進而有機會進入意識的最深處。

意識的最深處是什麼？就是與生俱有的根本淨光心，也就是佛性，也就是覺醒的能力。這個佛性，也稱為「如來藏」，以最細微的明光形式存在於一切意識的最深處。**這個與生俱有的細微意識伏藏著覺醒的能力，也就是潛藏著所謂成佛的種子，**修行者努力開發這個種子，讓佛性、本性、如來藏的潛力顯現出來。

談到這裡，有一點要特別提醒：雖然每個人在經歷死亡過程時，與生俱有的根本淨光心一定會顯現，但不能保證一定能「體悟」根本淨光心。體悟根本淨光心必須仰賴兩個重要因素：❶生前要累積對「八種死亡徵候」的熟悉力。❷白、紅、黑三種景象出現時能維持強大的正念。這兩點正是無上瑜伽修行者生前時時刻刻不斷地修持的功課。這也是能瞭解一切現象與探索自己的究竟本質的關鍵能力。

佛性與概念分別心的比較

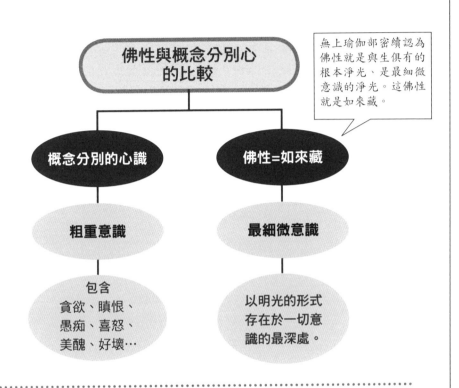

佛性與概念分別心
的比較

無上瑜伽部密續認為
佛性就是與生俱有的
根本淨光、是最細微
意識的淨光。這佛性
就是如來藏。

概念分別的心識

佛性＝如來藏

粗重意識

最細微意識

包含
貪欲、瞋恨、
愚痴、喜怒、
美醜、好壞…

以明光的形式
存在於一切意
識的最深處。

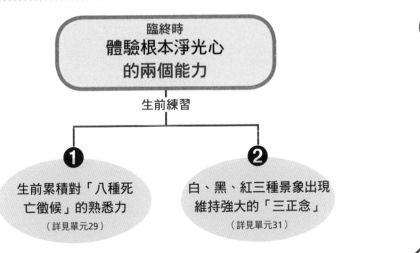

臨終時
體驗根本淨光心
的兩個能力

生前練習

❶
生前累積對「八種死
亡徵候」的熟悉力
（詳見單元29）

❷
白、黑、紅三種景象出現
維持強大的「三正念」
（詳見單元31）

無上瑜伽行者的最終目的是體驗根本淨光心！

當細微意識要轉變成最細微意識時，氣的移動最弱，這是體驗根本淨光心的絕佳機會。無上瑜伽行者所等待的就是此一時刻的來臨。

這時粗重意識已經被移除了，一切概念分別的意識活動完全停止。八十種垢染一一開始消融，隨之而來是白顯相、紅增相與黑近相心的顯現，它們是三種細微意識所能體驗的境相。當三種連續的景象顯現之後，才會是根本淨光的顯現。根本淨光心顯現時，如同秋天黎明破曉般的景象將顯現於前，**它沒有任何的染污，是純淨而且渺然的明光狀態，這是最深層的意識**，同時是與生俱有的根本淨光心的顯現。達到這樣純淨的境界，而且能夠體悟領會，即是「皆空」（或譯「全空」，All Empty）狀態，這就是解脫的境相。

還記得前面曾說過，人在死亡過程「四大」分解後所能體驗的「四空」狀態嗎？無上瑜伽行者生前努力進行體驗四空的修練，包括「空」、「大空」、「非常空」，但最後一個狀態「皆空」（「四空」詳見單元30)，是非常難以達到的境界，在生前很不容易體驗，但就算有，也只能在禪觀過程中一瞥。請注意，世僅止於一瞥。**真正要能完全領悟根本淨光心，必須要到死亡的那一刻，才可以達到。**

根據《西藏度亡經》的說法，一般人在死亡過程中，最細微意識也就是根本淨光心，通常會在身體停留三天半到四天的時間，但無上瑜伽修行者停留的時間更長，第十四世達賴喇嘛曾說，他見過有停留達九天、十天、十七天以上的時間。

根本淨光心停留身體的時間

根本淨光心停留在身體的時間有多少？一般人通常會在身體停留三天半到四天。
但無上瑜伽修行者則可以停留更久。

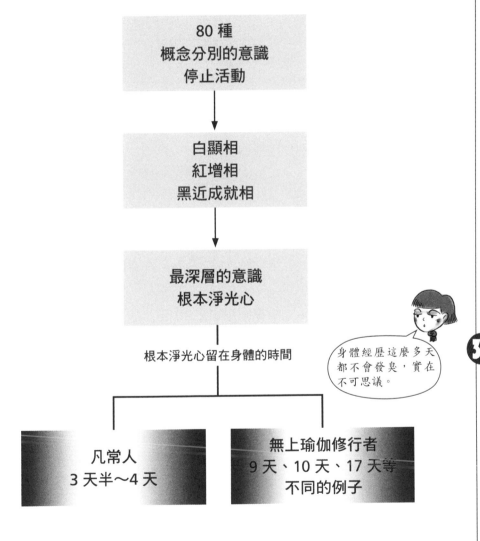

80 種
概念分別的意識
停止活動

白顯相
紅增相
黑近成就相

最深層的意識
根本淨光心

根本淨光心留在身體的時間

凡常人
3 天半～4 天

無上瑜伽修行者
9 天、10 天、17 天等
不同的例子

身體經歷這麼多天
都不會發臭，實在
不可思議。

無上瑜伽行者的最終目的是體驗根本淨光心！

人活著的時候可以體驗到
根本淨光心嗎？

人在平時有四種機會可以見到根本淨光心。

我們在前面不斷提醒：粗重意識所具備能提升修行的潛力非常有限，所以我們必須努力去接觸比較細微層面的心識，透過它們的潛力，協助我們獲得解脫。前面同時也說明，要達到細微層次的意識，必須讓粗重層面的意識先減弱並暫時停止。要達到這點，必須讓內在能量有個巨大的轉變。一般人在活著的時候有四種情況能讓內在能量發生變化，分別是：

第一，**睡覺**：睡覺時很難保持覺醒的狀態，除非有完備的訓練。睡眠中的五官意識肯定比清醒時較為微弱，修行者依據上師的教導，是可以在睡夢中達到禪定觀想的狀態，包括產生熱能與停止妄想的實際功用。

第二，**打噴嚏**：這是因鼻黏膜受了刺激，鼻孔急遽的吐氣，時間短暫同時無法思考的一種生理過程。這時，細微層次的意識會短暫顯現，呈現短暫的覺醒狀態，但無法延長，所以助益不大。

第三、**昏厥**：這是意識昏迷，失去知覺的狀態。一般人是無法保持覺醒的，這也必須要有相當的訓練，否則難以完成任務。

第四，**性高潮**：性高潮確實可以讓人短暫體驗如同開悟般的感受。所以禪修甚深的瑜伽行者經由特殊的雙修訓練，可以「延長」並達到「控制」細微意識的能力，進而獲取證悟。

體驗根本淨光心的四個機會

印度大師吉祥智（Buddhasrijnana）説：由於獨特的身體結構與四大生命元素的關係，人們在平時有機會去短暫體驗細微意識、淨光與無想狀態。

什麼是無想狀態？

無想狀態=無任何概念的意識狀態=Non-conceptual state

活著的時候

體驗根本淨光心

必須

內在能量發生巨大轉變

四種轉變機會

睡覺	打噴嚏	昏厥	性高潮
可以進行禪定觀想，會產生熱能與停止妄想。	呈現短暫的覺醒狀態，但無法延長，助益不大。	要有相當完備的訓練，否則是難以完成的任務。	禪修甚深的瑜伽行者透由雙修可延長與控制細微意識。

Part 4 無上瑜伽行者的最高密法

在密乘系統，「脈輪」結合身體就是一座「壇城」，再配合「六大」（地、水、火、氣、脈、明點），使得密續整個生理運作的概念更加完備。而最後是透過各類瑜伽禪定技法，啟動心靈及生理的轉化，達到即身解脫的境界。

意識與死亡的關係

想要更深入的瞭解意識的消融過程,就必須進入無上瑜伽密續,其中最關鍵的地方在於無上瑜伽部對於臨終中陰「脈、氣、明點」的處理方式。

●意識的消融過程

臨終者死亡時,必先經歷地、水、火、風等四大分解,此後,臨終者的意識依序進入「臨終中陰」、「實相中陰」與「投生中陰」等三個階段。如果想要更深入的瞭解意識的消融過程,就必須進入無上瑜伽密續,其中最關鍵的地方在於對於臨終中陰「脈、氣、明點」的處理方式。不過,不同的無上瑜伽密續對於意識消融過程的解釋可能有微小的差異,例如《勝樂金剛密續》、《時輪金剛密續》、《密集金剛密續》都有所不同。**主要的不同在於脈的運用不太一樣,還有流經這些脈的氣與明點也有不同的解釋。**

《密集金剛密續》對於臨終死亡過程中意識的變化解釋得很仔細,雖然不是採用臨終中陰、實相中陰、投生中陰這樣的稱謂區分,但是我們可以清楚比對之間的關係。(詳見第130頁圖解)

●三種層次的修行成就

此外,《密集金剛密續》將無上瑜伽密續修行者分成三種層次,最優秀層次的修行者可以體悟「與生俱有的根本淨光心」(The Fundamental Innate Mind of Clear Light),同時獲得完整圓滿的體悟,不必進入凡夫會經歷的「實相」與「投生」等兩種狀態,也就是無須經歷《西藏度亡經》的「實相中陰」與「投生中陰」。如釋迦牟尼佛、大成就者蓮花生大師。

第二層次的瑜伽行者雖然無法轉化死亡明光成為究竟實相的空性智慧,但仍可避開凡夫死亡的經歷。這裡指的是《西藏度亡經》所說的實相中陰,有著一連串非常恐怖的幻象。第二層次的修行者可以透由慈悲、祈願與正念的力量「直接選擇」未來的投生形式。如菩薩、達賴喇嘛……。

第三種層次的瑜伽行者，他們無法將死亡明光轉化成了悟空性的智慧，同時也必須進入凡夫經歷的實相中陰與投生中陰階段，但是可以在這些過程中以過去善業所投射出的力量，搭配內外情境，進行有利的修行。

至於在三種層次修行者之外的凡夫，即使看見「與生俱有的根本淨光心」，也會視而不見，更別說要去體悟明光。所以凡夫臨終經過三天半的時間，意識就必須進入「實相」與「投生」等兩個中陰狀態。（詳見第132頁圖解）

無上瑜伽行者的最高密法

意識消融的過程

下面以《密集金剛密續》為例，說明臨終時意識的消融、變化過程。意識消融過程總共有八個階段，每個階段都有意識變化的詳細解釋。你可以發現這八個階段其實就是《西藏度亡經》的「臨終中陰」的過程，而第八階段所提及的「根本淨光心」可以對照到臨終中陰的「第一明光」與「第二明光」。

死亡徵候	**1** 地大消融	**2** 水大消融	**3** 火大消融	**4** 風大消融
肉體的變化	地大代表固體。骨骼無法運作，身體無法站立，必須躺平。	水大代表液體。血液、唾液逐漸乾澀。	火大代表溫度、熱量。這時體溫開始降低。	風大代表氣體。這時外在的呼吸（外息）停止，但體內的生命之風（內息）依然維持運作。
意識的消融與徵兆	粗重意識開始消融，心中見到**海市蜃樓**。	粗重意識繼續消融，心中見到煙。	粗重意識繼續消融，心中見到**螢火蟲**。	粗重意識繼續消融，心中見到**火焰**（油燈或蠟燭），開始時閃爍，然後穩定。
意識的感受或體驗	無法開閉雙眼，覺得沈入地底或泥沼的感覺。	不再感到快樂或痛苦，聽不到聲音。	不再注意周遭親友的活動或感受，甚至忘了他們的名字。	不再有身體的任何感觸，不再有任何行動的能力。

5	**6**	**7**	**8**
白色顯相 →	紅色增相 →	黑色近成就心 →	與生俱有的根本淨光心 →
白色明點由頭頂下移。	紅色明點由肚臍上升。	紅白明點相遇。	紅白明點融入不壞明點。
較細的粗重意識開始消融,共有33種強氣,心中見到鮮明的**白色**。	較細的粗重意識繼續消融,共有40種中氣,心中見到**橘紅色**。	較細的粗重意識持續消融,共有7種弱氣,心中見到**黑色**。	最細微意識出現了,**根本淨光心**(死亡明光)將顯現。
空 Empty	非常空 Very Empty	大空 Great Empty	皆空 All Empty

35

無上瑜伽行者的最高密法

三種層次的修行成就

《密集金剛密續》認為透過無上瑜伽修行，可以達到三種不同的修行成就：

1 最優秀的修行成就

- 能體悟根本淨光心，獲得圓滿的體悟。
- 不必經歷實相中陰與投生中陰。
- 如釋迦牟尼佛、大成就者蓮花生大師。

這就是即身成佛！

2 第二優秀的修行成就

- 無法體悟根本淨光心。
- 但可避開實相中陰的恐怖幻象。
- 透過慈悲、祈願與正念的力量「直接選擇」未來的投生形式。
- 如菩薩、達賴喇嘛。

第三種優秀的修行者有誰呢？

3 第三優秀的修行成就

- 無法體悟根本淨光心。
- 雖要經歷恐怖的實相中陰與投生中陰。
- 但在過程中以過去善業所投射出的力量，進行有利的修行，還有機會去淨土。

嗯，應該就是那些證得阿羅漢果位的人囉。

4 凡夫

- 看見根本淨光心，卻視而不見。
- 意識必須經歷「實相中陰」與「投生中陰」。
- 依其業力於六道中投胎轉世。

父續、母續、不二續

無上瑜伽部的修行有何獨特？

無上瑜伽部密續獨特之處是運用了人類的生理作用，進行比外三密（事部、行部、瑜伽部）更高度的觀想。

密乘典籍中以「無上瑜伽部密續」最具代表性，「無上」意指無法超越、無法在其上，「瑜伽」代表相應。「無上瑜伽部密續」是金剛乘最高階且無法超越的密法，也是最難修持的密法，修行者必須經過數十年的苦修，金剛上師才肯傳授此法。修成此法便能「即身成佛」，也就是可以在今生證得佛果，無需再受輪迴之苦。

●父續、母續、不二續

它可細分為父續、母續與不二續。父續代表「方便」（或慈悲），本尊守護神包括密集金剛密續與大威德金剛密續。母續代表「般若」（智慧），包括勝樂金剛密續與吉祥喜金剛密續。不二續代表「不二」，是指時輪金剛密續。

●運用深層的生理體驗

外三密與無上瑜伽部的修行技巧是不同的，外三密的修習主要是訓練修行者的觀想能力，將腦海裡的抽象概念轉化成具體形象的能力。到了無上瑜伽部階段，由視覺化的想像跨向更深層的生理體驗，修行者運用身體的氣、脈、明點的修行技法，在生前進行更高階的觀想，即不斷預演死亡過程獲取死亡淨光。由於生前不斷演練，因此，當瑜伽行者面臨死亡時，就能坦然面對，並保握機會體悟淨光與獲取智慧。

●證得二身：色身與法身

金剛乘強調無上瑜伽部密續是透過「慈悲」來達到徹底證悟，這點保持了大乘佛教的精髓。在無上瑜伽部證悟的過程中修行者能夠同時獲得二種身形：色身（The Form Body）與法身（The Truth Body）。這裡的色身是證悟的具體身形，而法身是真理之身。同時獲得二種證悟身形的看法和顯教的看法是不同的。

無上瑜伽密續三法門

先來認識「無上瑜伽部密續」的梵語意思：

無上瑜伽部密續
梵語 Mahanuttara-yoga-tantra

Mahanuttara　　**yoga**　　**tantra**

無上
無法超越
最高級的

相應

密續

「無上瑜伽部密續」是金剛乘最高階的密法，也是最難修持的密法。它運用人類的生理作用，進行比外三密（事部、行部、瑜伽部）更高度的觀想，可細分為父續、母續與不二續。

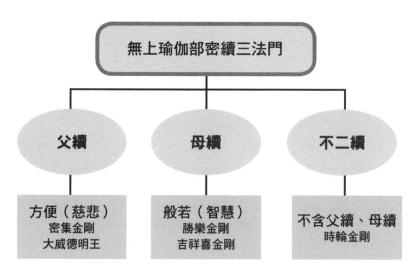

無上瑜伽部密續三法門

父續　　**母續**　　**不二續**

方便（慈悲）
密集金剛
大威德明王

般若（智慧）
勝樂金剛
吉祥喜金剛

不含父續、母續
時輪金剛

觀想能力與生理體驗並重

「無上瑜伽部密續」的修行特色有二:一是運用外三密所強調的影像觀想能力,一是結合身體氣脈明點的修行技法。

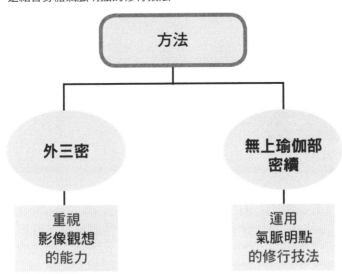

「無上瑜伽部密續」透過慈悲來達到徹底證悟,無上瑜伽行者在證悟的過程中同時能獲得二種證悟的身形:法身與色身。

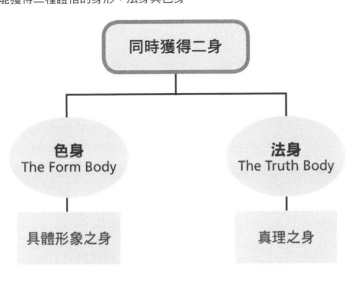

父續、母續、不二續、三毒

三續用來對付哪三種根本迷妄？

無上瑜伽部密續可細分成三類：父續、母續、不二續，分別用來對付瞋恨、貪欲和愚痴等三毒。

西藏偉大的學者塔克桑（Taktsang Lotsawa Sherab）將無上瑜伽部分成三類：父續、母續與不二續，這是根據修行者在圓滿次第灌頂所具備的條件來分類。父續代表方便（慈悲），強調祕密灌頂。母續代表般若（智慧），強調智慧與知識灌頂。而不二續代表的「不二」，表示不包含上述兩者，強調第四灌頂。

●三續的修行重點

金剛乘認為修行者的三大敵人是三種根本迷妄（三毒），它們是貪、瞋、痴。無上瑜伽密續的父續、母續、不二續各有專長來應付這三種根本迷妄。父續主要適合瞋重的修行者，母續適合貪重的修行者，不二續適合痴重的修行者。三者的修習重點亦略有差異，父續著重幻身瑜伽，母續著重明光瑜伽，不二續則二者兼重。（這裡要特別注意的是，父續和母續雖然分別著重於不同教法，其實，仍具備了兩種教法的完整性，只是偏重其一。）

●幻身瑜伽和明光瑜伽的差別

至於幻身瑜伽與明光瑜伽又是什麼呢？無上瑜伽密續提到，想要佛的色身，必須透過最細微意識（The Subtlest Mind）與氣（Wind）而成就的。這種意識與氣都具備了純淨的本質，是構成佛的色身（The Form Body）之基礎，而最細微意識與氣所形成的色身即是幻身（The Illusory Body）。對於這種最細微意識與氣產生純淨之身的詳細過程，在密集金剛密續有說明，**通常父續所涉及幻身瑜伽的內容是和意識的轉換有密切的關係。至於明光瑜伽則與死亡明光有關**，在無上瑜伽部密續中認為在睡夢或是死亡過程中都有機會見到明光有關，這個明光是眾生與生俱有的，而且在清淨無污狀態下可以自然而然的顯現。所以明光瑜伽即是除去妨礙明光出現的障礙與污染的教法。

三續與三毒

「無上瑜伽部密續」一般分成三類：父續、母續、不二續。父續著重幻身瑜伽，母續著重明光瑜伽，不二續則二者兼重。父續主要適合瞋重的修行者，母續適合貪重的修行者，不二續適合痴重的修行者。

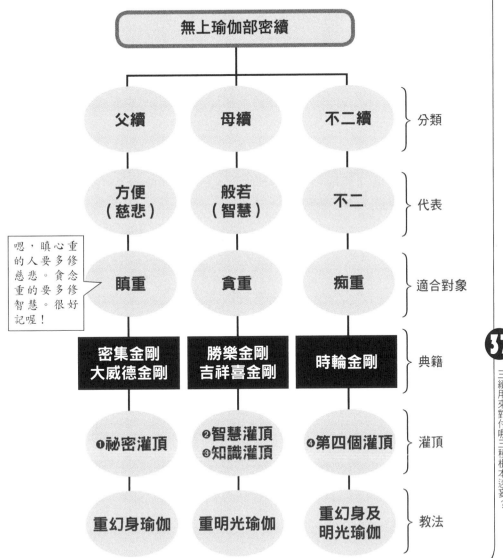

嗯，瞋心重的人要多修慈悲。貪念重的要多修智慧。很好記喔！

無上瑜伽行者的最高密法

五大金剛是五部經典擬像化而產生的？

無上瑜伽密續是密教典籍，其中最重要的五部密續經典都一一被擬像化，成為具有軀體形貌的五位本尊守護神，這五位分別是密集金剛、勝樂金剛、時輪金剛、吉祥喜金剛與大威德金剛。

金剛乘擅長運用擬像化的方法，以具體可見的事物來表達抽象的教法義理。例如「般若」（Prajna）一詞，中文的意思是智慧，是佛教最重要的精神力量。來到金剛乘的世界裡，它被視為宇宙運轉的陰性法則，並被擬像成法器金剛鈴（Ghanta）。而廣為佛教信眾所熟悉的《心經》（Prajnaparamita），在西藏也被擬像成一位身軀姣好面容美麗的女神。這種擬像化或擬人化是藏傳佛教的一大特色。同樣地，無上瑜伽密續最重要的五部典籍也一一被擬像化，成為具有軀體形貌的五位金剛。

藏傳佛教裡的擬像化

抽象名詞	典籍	密續
般若（智慧）Prajna	般若波羅蜜多經 Prajnaparamita	無上瑜伽密續 五本經典

擬像化　　　　　擬像化　　　　　擬像化

法器	女性神祇	男性神祇
金剛鈴	心經女神	五大金剛

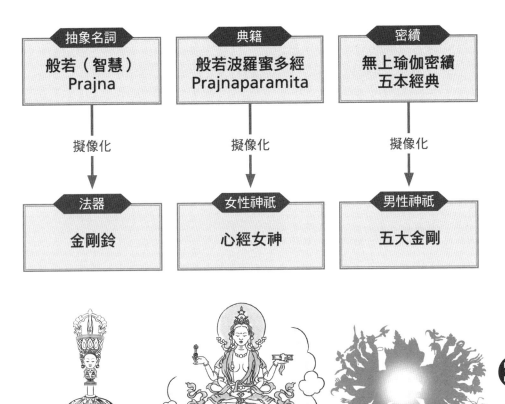

38

五大金剛是五部經典擬像化而產生的？

無上瑜伽行者的最高密法

五大金剛各有何特色？

「五大金剛」就是五部無上瑜伽教法的擬像化，以五位本尊守護神分別表達對治不同的缺點，並能將缺點轉化為正面的修行能量，達到即身成佛。

無上瑜伽密續一般可分成三類：父續、母續與不二續。一般說來，父續主要適合「瞋重」的修行者，母續適合「貪重」的修行者，不二續適合「痴重」的修行者。父續著重「幻身瑜伽」，母續著重「明光瑜伽」，不二續則二者兼重。

無上瑜伽密續的父續包括大威德金剛與密集金剛，母續則是勝樂金剛與吉祥喜金剛金剛，不二續是時輪金剛教法，如此合起來就是我們通稱的「五大金剛」。其中，密集金剛、勝樂金剛及大威德金剛是格魯派主修的密續系統。

●密集金剛

密集金剛（Guhyasamaja）是指密續壇城中有三十二位本尊的祕密集會，意為祕密的結合或祕密的集合體，密集金剛是屬於父續教法，最強調與「瞋重」及「幻身瑜伽」相關的修行。何謂幻身？修行者必須透由最細微意識（The Subtlest Mind）與氣（Wind）的修持而成就佛的色身，如此的色身具備了純淨的本質，所以由**最細微意識與氣而形成的色身即是幻身**（Illusory Body）。

●大威德金剛

另一位父續的重要法門是「大威德金剛」，梵語直接音譯為「閻曼德迦」（Yamataka），意思即是「死亡的敵人」，顧名思義這個密續的教法與克服死亡、脫離輪迴之苦有關。**修持此壇城可驅除外、內、密等三種死亡**。「外的死亡障礙」是指肉體的非正常死亡，如意外身亡或猝死等。「內的死亡障礙」是指迷妄與心的顛倒，能扼殺自己與他人的安樂。「密的死亡障礙」指體內微細的氣脈阻滯，能造成精神異常。

四部密續和五大金剛的關係圖

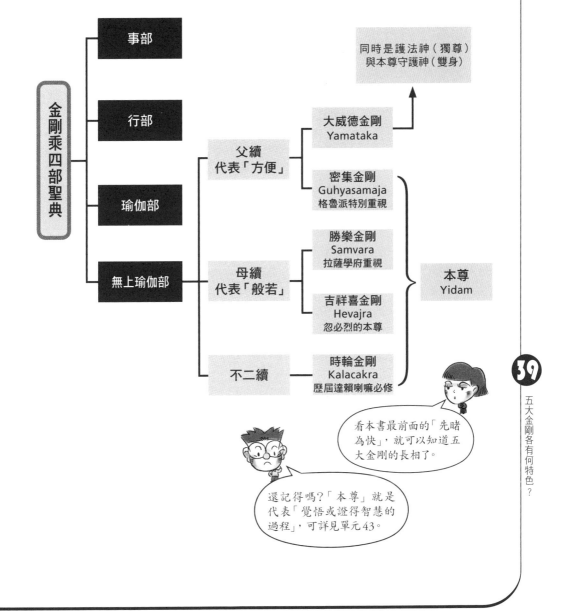

金剛乘四部聖典

- 事部
- 行部
- 瑜伽部
- 無上瑜伽部
  - 父續
    代表「方便」
    - 大威德金剛
      Yamataka
    - 密集金剛
      Guhyasamaja
      格魯派特別重視
  - 母續
    代表「般若」
    - 勝樂金剛
      Samvara
      拉薩學府重視
    - 吉祥喜金剛
      Hevajra
      忽必烈的本尊
  - 不二續
    - 時輪金剛
      Kalacakra
      歷屆達賴喇嘛必修

同時是護法神（獨尊）
與本尊守護神（雙身）

本尊
Yidam

看本書最前面的「先睹
為快」，就可以知道五
大金剛的長相了。

還記得嗎?「本尊」就是
代表「覺悟或證得智慧的
過程」，可詳見單元43。

39

五大金剛各有何特色？

無上瑜伽行者的最高密法

●勝樂金剛

勝樂金剛，也稱為勝樂輪金剛（Chakrasamvara），是無上瑜伽密續中最主要的母續教法，特別適合對治「貪毒」，著重於「明光瑜伽」的修行。勝樂輪意思是「大樂之輪」，表示修習勝樂輪的瑜伽系統，可將生活的種種經驗轉變為大樂之輪。明光瑜伽認為在睡夢或是死亡過程都有機會見到明光，這個明光是眾生與生俱有的，而且在清淨無染的狀態下可以自然而然的顯現。明光瑜伽即是**除去妨礙明光出現的障礙及污染的教法**。

●吉祥喜金剛

另一位母續教法則是吉祥喜金剛（Hevajra），此教法與「拙火瑜伽」關係密切。拙火瑜伽是指透過修行**點燃拙火（Inner fire），再將這股能量穿透身體的中脈**，打開糾纏身心的脈結，使我們在得到明光的同時，體驗四喜的一種修行法門。此法涵蓋慈悲與智慧雙運的覺悟，是超越概念、無二元分別的境界（State of Nonduality），其智慧能使人透澈洞悉自我執迷的妄想，化解清濁、善惡的極端對立，是解脫諸苦的根本要素。

●時輪金剛

時輪金剛（Kalacakra）大法源自印度，是不二續的代表，內容綜合了以印度生理學為基礎的性瑜伽、天文學、曆學、占星術等龐大複雜的體系。其中心論點是一切眾生皆在過去、現在、未來「三時」的迷界中，所以用時輪表三時，並以超越時空的本初佛思想來解脫這個迷界。修習時輪金剛法，**必須控制體內的生命之風，配合五種智慧與觀想，才能達到即身成佛**。時輪金剛在十一世紀傳入西藏，對藏人的曆法及宗教影響甚鉅。西藏曆法即脫胎自時輪儀軌。此法亦被視為無上瑜伽密續的最勝之法，歷代達賴喇嘛都極為重視。

五大金剛的比較

五大金剛	教法	克服的對象	教法特點
密集金剛 （Guhyasamaja）	父續	剋除瞋	**幻身瑜伽** 由最細微意識與氣而形成的色身即是幻身（Illusory Body）。修行者透過最細微意識與氣的修持能成就佛的色身。
大威德金剛 （Yamataka）	父續	剋除死亡	**大威德金剛教法** 可驅除三種死亡障礙： 1.「外的死亡障礙」：非正常的死亡，如意外死亡、猝死。 2.「內的死亡障礙」：迷妄與心的顛倒。 3.「密的死亡障礙」：體內微細的氣脈阻滯，造成精神異常。
勝樂金剛 （Chakrasamvara）	母續	剋除貪	**明光瑜伽** 人在睡夢或是死亡過程都有機會見到明光，此法是除去妨礙明光出現的障礙及污染的教法。
吉祥喜金剛 （Hevajra）	母續	剋除貪	**拙火瑜伽** 透過修行點燃拙火，並將這股能量穿透中脈，打開糾纏身心的脈結，讓修行者在得到明光的同時，體驗四喜。
時輪金剛 （Kalacakra）	不二續	剋除痴	**時輪金剛法** 修習此法，必須控制體內的生命之風，配合五種智慧與觀想，才能達到即身成佛。

39

五大金剛各有何特色？

到底何謂「生起次第」與「圓滿次第」?

金剛乘的禪修主要分成兩個階段:生起次第及圓滿次第。前者是開始階段,後者是完成階段。

許多人第一次看到生起次第(藏語cherim)與圓滿次第(藏語dzorim)這兩個名詞時,會很陌生,甚至有挫折感。其實它們的意思很簡單,生起次第指的是代表開始的發展階段(Development Stage),而圓滿次第是代表進階的完成階段(Completion Stage)。換句話說,生起階次第與圓滿次第就是金剛乘四部密續修學的基礎課程與進階課程。

●無上瑜伽修行的二個階段

不同的密續典籍有不同的生起次第與圓滿次第。在密續經典中最高層級的無上瑜伽密續,其生起次第與圓滿次第大致上是這樣劃分的:

第一,**生起次第**,這是修行的開始階段,以觀想本尊身形為重點,逐步建立壇城與本尊的具體形象,並持續發展作為圓滿次第的前置作業。生起次第這個階段著重於觀想的能力,修行者必須努力使自己的「精神功能」更加成熟。簡單來說就是反覆地運用想像的能力,**訓練在腦海中轉換抽象概念成為具體形象的修行。**

第二,**圓滿次第**,是密續禪修的第二個階段。在這個過程中,瑜伽行者透由體內氣脈及能量的變化而得到大樂(Great Bliss)、淨光(Clear Light)與無二(Non-dual)的經驗。不同於生起次第,圓滿次第的重點在於「細微意識的運用」,試圖達到氣、脈、明點的「真實變化」。這個階段除了精神層面的觀想之外,還會有生理層面的變化。為了達成圓滿次第,**必先解開堵塞氣脈的脈結,目的是為了停止粗重意識與氣。**當粗重意識與氣消逝之後,取而代之的是細微意識。這時根本淨光有機會隨之顯現,佛性也能隨之生起。這就是禪修中只能一瞥的淨光顯現。

生起次第與圓滿次第的差別

不同的密續典籍有不同的生起次第與圓滿次第。在金剛乘經典中最高層級的無上瑜伽密續，其生起次第與圓滿次第大致上是這樣劃分的：

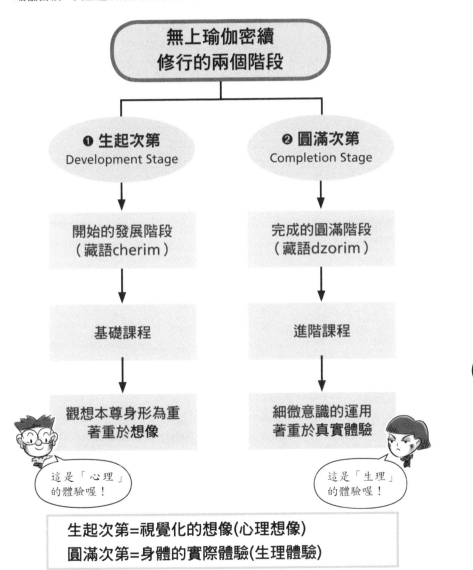

無上瑜伽密續
修行的兩個階段

❶ 生起次第
Development Stage

❷ 圓滿次第
Completion Stage

開始的發展階段
（藏語cherim）

完成的圓滿階段
（藏語dzorim）

基礎課程

進階課程

觀想本尊身形為重
著重於想像

細微意識的運用
著重於真實體驗

這是「心理」
的體驗喔！

這是「生理」
的體驗喔！

生起次第＝視覺化的想像(心理想像)
圓滿次第＝身體的實際體驗(生理體驗)

體驗死亡是無上瑜伽的最大特色

強化觀想能力以及生前短暫體驗死亡的經驗是無上瑜伽的重要特色。

印度古代發展出來的密續典籍數量非常龐大，許多經典都宣稱保有釋迦牟尼佛天啟的密法，也就是來自佛陀的神祕傳授。這些神祕傳授的密法最後被分成：事部、行部、瑜伽部、無上瑜伽部等四部密續，這是一套程序分明的實修法門，其最大的特色在於各種本尊像的觀想。觀想是一種視覺想像能力(Visionization)，瑜伽修行者會努力強化這種能力，一直到體驗現世成佛的境界為止。

●觀想能力與死亡的體驗

前一單元提及無上瑜伽密續的兩個階段：生起次第與圓滿次第。在生起次第的禪修過程中，**將觀想本尊與壇城的技巧發揮到極點，其重要的細部程序是致力於開展視覺化的想像能力。**而在圓滿次第中，將由心理層面進入到生理層面的深層體驗，也就是由想像階段進入真實的體驗。修行者在此一次第通常會練習死亡過程的體驗，他們運用「遷識奪舍」的法門，能將心識不可思議地抽離身體，並轉移到其他物體上去，這有點類似於夢中身體的的體驗。金剛乘認為如此可以加速開展智慧與慈悲，在生命結束前有機會親身體驗轉世，或是在短暫的臨終階段把握時間，體驗涅槃，證入圓滿的佛境。

有關圓滿次第的法門很多。例如：拙火瑜伽（或譯內熱瑜伽，The Yoga of Inner Fire）、氣瑜伽（The Yoga of Wind）、四喜瑜伽（The Yoga of Four Bliss）。這些瑜伽都涉及身體明顯的生理感受與變化。例如在這些瑜伽的修習過程中，當生命元素溶解時，在體內會產生大樂的經驗，不過一般常人是不容易體驗這種細微的感受。想要精修圓滿次第一定**要能熟悉身體內的細微本質**，最基礎而且重要的是氣（Wind）、脈（Channel）與明點（Subtle Drop）的正確知識。

如何體驗死亡過程？

無上瑜伽密續體驗死亡過程的程序：

階段 1

生起次第（開始階段）

就是觀想！

① 視覺化的想像能力
　❶ 本尊
　❶ 壇城

心理想像

心理想像

想要精修圓滿次第，一定要能夠熟悉身體內的細微本質，這包括氣、脈、明點的正確知識。

階段 2

圓滿次第（完成階段）

體驗死亡過程的修行法門

❶ 拙火瑜伽
（內熱瑜伽）
The Yoga of Inner Fire

能量來自於太陽神經叢

❷ 氣瑜伽
The Yoga of Wind

左右脈集中於中脈

❸ 四喜瑜伽
The Yoga of Four Blis

在氣脈運作中會產生喜悅

生理體驗

這些瑜伽都涉及身體明顯的感受與改變。例如溶解生命元素時會產生大樂經驗。

時輪金剛密續、儀軌、觀想、氣脈明點、身語意

如何可以一窺無上瑜伽行者的修行路徑？

本單元將以《時輪金剛密續》為例，帶讀者一窺無上瑜伽行者的修行路徑。

無上瑜伽的修行次第分成「生起次第」（Creation Stage）與「圓滿次第」（Perfection Stage），兩個次第代表不同階段的修行體悟。前者是穩定自心的一種方便法門；後者是了悟或連結上自心本性的一種殊勝法門。自心本性即是空性，即是無我。此處，**空性並非是空無一物，它是心的無我本性。**在金剛乘的法教中，空性是一種富含著光明或明性的虛空界，透過圓滿次第的修持來認證，這種力量能把光燦明亮的虛空界帶到經驗的表面。

下面將以《時輪金剛密續》為例，說明兩個階段的過程。首先，瑜伽行者在「生起次第」裡，要能做到**身、語、意與本尊結合的狀態；**之後，在「圓滿次第」要達到**體悟四空與四喜的完滿境界。**

●《時輪金剛密續》的生起次第

「生起次第」主要修習「觀想本尊」的過程，即瑜伽行者觀想自己轉化為諸佛、菩薩等證悟聖眾的形象。這個過程還涵蓋光的放射與收攝，以及咒語的觀想與持誦等。瑜伽行者藉由這一連串的過程將能體驗到身、心兩者本自清淨的禪定狀態，並以這樣的禪定讓自己的心準備好進入圓滿次第。

生起次第的步驟：一開始，修行者要先清楚觀想出一個壇城（曼荼羅，Mandala），這個動作宛若「虛境實擬」，有空間場景、人物、動作、對白；接著，遵守生起次第的儀軌，所謂「儀軌」簡單地說就是步驟、程序。然後，瑜伽行者要日復一日進行觀想，日積月累不斷地練習，起初只是本尊守護神的模糊形象，後來越來越清晰，一直到腦海中呈現完全清晰的樣貌為止。最後，修行者要達到見到本尊就好像見到真實人物，甚至觀想到本尊為自己說法的境界。不止如此，生起次第的最後階段，**瑜伽行者已經能把自己的身、語、**

時輪金剛密續的修行路徑

進行《時輪金剛密續》的瑜伽行者，在「生起次第」時，要能做到身、語、意與本尊結合的狀態；之後，在「圓滿次第」要達到體悟四空與四喜的完滿境界。

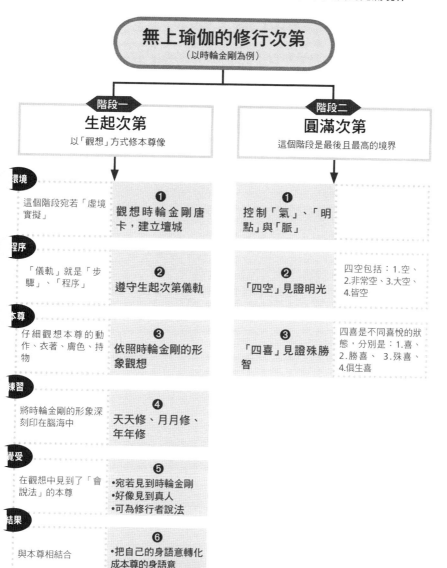

無上瑜伽的修行次第
（以時輪金剛為例）

階段一
生起次第
以「觀想」方式修本尊像

階段二
圓滿次第
這個階段是最後且最高的境界

環境
這個階段宛若「虛境實擬」

❶ 觀想時輪金剛唐卡，建立壇城

程序
「儀軌」就是「步驟」、「程序」

❷ 遵守生起次第儀軌

本尊
仔細觀想本尊的動作、衣著、膚色、持物

❸ 依照時輪金剛的形象觀想

練習
將時輪金剛的形象深刻印在腦海中

❹ 天天修、月月修、年年修

覺受
在觀想中見到了「會說法」的本尊

❺
•宛若見到時輪金剛
•好像見到真人
•可為修行者說法

結果
與本尊相結合

❻
•把自己的身語意轉化成本尊的身語意
•修行者自己就是本尊

❶ 控制「氣」、「明點」與「脈」

❷ 「四空」見證明光

四空包括：1.空、2.非常空、3.大空、4.皆空

❸ 「四喜」見證殊勝智

四喜是不同喜悅的狀態，分別是：1.喜、2.勝喜、 3.殊喜、4.俱生喜

無上瑜伽行者的最高密法

意轉化成本尊的身、語、意;即自己的身體、言語、心意與本尊完全結合的境界,也就是說修行者自己就是本尊。

● 《時輪金剛密續》的圓滿次第

瑜伽行者進行「圓滿次第」的重點,是將前一階段清楚觀想的本尊融入空性之中,同時還能夠直接面對心的究竟自性與實相真理。以《時輪金剛密續》為例,這階段要練習控制修行者的脈、氣與明點,嘗試體悟四空(空、非常空、大空、皆空)與見證明光,還要體會四喜(喜、勝喜、極喜、俱生喜)與見證殊勝智慧。

氣(Prana)即是流動在脈(Nadi)的能量,明點(Bindu)則是脈與脈之間的連結點。掌握了脈、氣與明點就如同獲得了一把能開取藏密寶箱的鑰匙,能更進一步體驗到細微意識。

● 兩個次第的比較

如果將生起次第與圓滿次第做個比較,前者「生起次第」是著重於「身、語、意」,是粗重意識的淨化,後者「圓滿次第」著重於「脈、氣、明點」,是細微意識的體驗。

前後兩個階段的轉化就是粗重意識(Gross Level of The Mind)與細微意識(Subtle Level of The Mind)不同層次的細微轉化。身(Body)細微覺察到「脈」,語(Speech)細微覺察到「氣」,意(Mind)細微覺察到「明點」。**由粗到細的修持,逐步轉化身與心。**

「生起」與「圓滿」兩個次第的轉化

「生起次第」著重於「身、語、意」，是粗重意識的淨化，後者「圓滿次第」著重於「脈、氣、明點」，是細微意識的體驗。

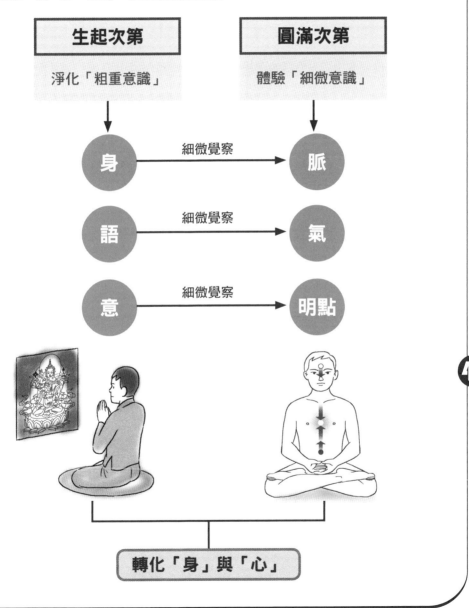

生起次第	圓滿次第
淨化「粗重意識」	體驗「細微意識」

身　　細微覺察　→　脈

語　　細微覺察　→　氣

意　　細微覺察　→　明點

轉化「身」與「心」

無上瑜伽行者的最高密法

何謂「本尊」？對金剛乘修行的意義何在？

金剛乘的修行者稱自己的護法神為「本尊」。這是將「覺悟或是證得智慧的意義與過程」的概念擬像化，以佛陀的形式呈現。

●佛陀教導較高層級的密續時，以本尊的形式顯現在修行者面前

本尊一詞，藏語Yidam，梵語Ishtadevata。這個字在西藏或印度很常見，但在中國卻不容易找到一個恰當的名詞來描述。

「覺悟或是證得智慧的意義與過程」原是一個抽象概念，不過金剛乘把它視覺化了，以一個具有身形的佛陀形式呈現於瑜伽修行者的面前，宛若世尊就直接在修行者面前開示，這就是金剛乘將抽象概念擬人化的表現手法。在觀想過程中，本尊地位尊崇，被視為**修行者在情緒、感官、領悟與佛教誓言上的最佳模範**。

金剛乘堅信佛陀教導較高層級的密續時會以本尊的形式，顯現在修行者的壇城內，甚至在壇城中出現佛陀與其配偶（象徵精神層面的陰性法則）進行慈悲（佛父）與智慧（佛母）的雙運。這雖是一幅兩性親密結合的視覺景象，但千萬別誤解其深層意涵。

●如何觀想雙修的本尊，融入空性？

其實，在本尊相應過程中，雙修與空性的融入是緊密結合，不可分割的。在實修的過程中，修行者先是在心中浮現佛陀與佛母的雙修景象，接著將會更進一步運用他們成熟的想像力，想像自己如同本尊一樣的形貌與配偶親密的性結合。但，此刻與配偶親密的性結合是不會產生欲樂狀態，事實上此刻修行者會將身體透過觀想而產生的不尋常感覺融入空性，同時，觀想自己就是本尊。身體的體驗與空性的體悟同時進行是令人驚嘆的。經由觀想的喜樂體驗據說會對身體內的神經系統（氣、脈、明點）產生巨大的影響，同時也促成了空性的了悟。許多古代印度大成就者就是以此方式獲得證得智慧的體驗。

本尊的意義

「覺悟或是證得智慧的意義與過程」原是抽象的概念，金剛乘賦予具體形象，由一個具有身形的佛陀形式呈現於瑜伽修行者的面前，這就是「本尊」。

本尊
=藏語Yidam
=梵語Ishtadevata
=英文Archetype deity
=覺悟或是證得智慧的
　過程具象化

覺悟或是證得智慧
的過程 ⎫ 抽象概念

↓ 轉化　　　　↓ 轉化

本尊 ⎫ 具體身形
　　　的佛陀

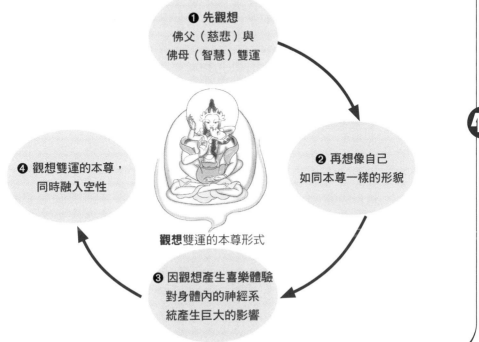

❶ 先觀想
佛父（慈悲）與
佛母（智慧）雙運

❹ 觀想雙運的本尊，
同時融入空性

觀想雙運的本尊形式

❷ 再想像自己
如同本尊一樣的形貌

❸ 因觀想產生喜樂體驗
對身體內的神經系
統產生巨大的影響

44

無上瑜伽行者的最高密法

什麼是本尊相應法？

密續有一種特殊的法門稱為「本尊相應法」，關鍵在於巧善地運用想像力觀修本尊，清除心識染污，使其專注於一。

本尊相應法（Deity Yoga）的「相應」一詞，來自梵語的Yoga，意思是親近的兩個人互望一眼，就知道彼此的心意。本尊相應法即是與諸佛、菩薩相呼應，這包含對佛與菩薩的尊崇、承事、學習、成為益友等等，最終的目的是能與本尊融合為一。

●以慈悲與智慧之身取代自己平凡的身軀

無論是外三密或無上密都需要用到「本尊相應法」。在無上瑜伽密續的修行過程中，每天需進行六次本尊相應法，目的是為了增加修行者的能力。而成功運用本尊相應法的關鍵，在於觀想本尊的能力。修行者在生起次第需將本尊與壇城具體視覺化。接著在圓滿次第禪觀自己的心即是純淨的空性智慧，在這同時觀想純淨的智慧是由慈悲心推動的。最後以慈悲與智慧之身取代自己平凡的身軀，並在理想的環境發展純淨的身與心，建立純淨的自我。

不過，一般信眾並沒有正確認知本尊是眾生本有佛性的概念，只知道本尊是特定修持法門的主尊，例如四臂觀音、綠度母等，因此容易變成偶像崇拜。有些人認為不該如此看待本尊，其實這並不是問題的關鍵。真正的問題在於是否真正瞭解到正確清楚地**觀修本尊形貌的目的是為了清淨心識上的染污，讓容易渙散的心專注於一。**

至於修行者如何選擇適合自己的本尊？有一種看法是過去世曾經修過的本尊法，今生持續修行會獲得較好的相應結果。觀想本尊法還有一個非常重要的使用時機，就是在死亡過程的中陰階段，《西藏度亡經》認為，觀想本尊，可以依願力來證得佛果。

本尊相應法的要點

本尊相應法是與諸佛、菩薩相呼應的教法。這包含對佛與菩薩的尊崇、承事、學習、成為益友等等，最終的目的是能與本尊融合為一。

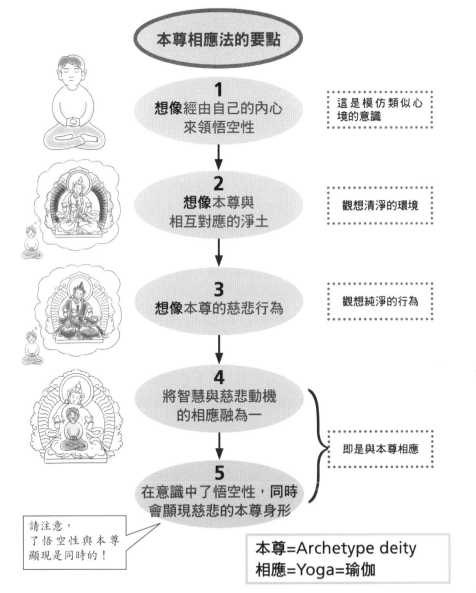

本尊相應法的要點

1
想像經由自己的內心
來領悟空性

這是模仿類似心
境的意識

2
想像本尊與
相互對應的淨土

觀想清淨的環境

3
想像本尊的慈悲行為

觀想純淨的行為

4
將智慧與慈悲動機
的相應融為一

5
在意識中了悟空性，同時
會顯現慈悲的本尊身形

即是與本尊相應

請注意，
了悟空性與本尊
顯現是同時的！

本尊=Archetype deity
相應=Yoga=瑜伽

無上瑜伽行者的最高密法

本尊相應法有哪六個步驟？

本尊相應法共有六個步驟，其目的是為了將本尊視覺化（Visulaize）或具象化（Embody）。

事部密續談及的本尊相應法有六個步驟，分別是：

第一，冥想空性形式的本尊（The Deity of Emptiness）

第一個階段著重冥想，於心中生起菩提心，意念「空性」與「本尊」，視一切外在現象的本質都是相同，所以自身與本尊的空性也是無二、無分別。空性形式的本尊亦稱為「究竟本尊」（Ultimate Deity）。

第二，想像咒音形式的本尊（The Deity of Sound）

第二階段是想像本尊與自己的咒音迴盪，這時本尊只有「音」的形式，尚未顯現「字」的形式。

第三，想像咒字形式的本尊（The Deity of Letter）

想像咒音化成咒字，立於白色月輪。這個階段本尊的形式由「音」轉成「字」，以視覺化的具體咒字顯現。

第四，想像具體形象的本尊（The Deity of Form）

接下來是轉換咒字成具體形象的本尊，並透過觀想能力將自己發展生成如同本尊一般（Generating Oneself As Deity）。

第五，想像結手印形式的本尊（The Deity of Seal）

瑜伽行者結適當的手印（Seal或Mudra），這時強調的是實際的肢體動作，而非單純的冥想或想像。

第六，想像象徵形式的本尊（The Deity of Symbol）

最後一個步驟是想像在自己身體的頂輪、喉輪、臍輪等部位安上「嗡、啊、吽」三個種子字，三個種子字就是本尊的象徵。這個階段會邀請法界智慧本尊進入自己的體內，也就是加持。種子字是生起一位聖尊的種子，以梵語字母來表示，故稱種子字。

本尊相應法

事部密續記載實現佛果境界的包含了身、語、意三個範疇。身是具體地想像本尊，語是口誦密咒和心誦密咒，意則是關注於禪定。為了將本尊具體視覺化共有六個步驟，分別是：

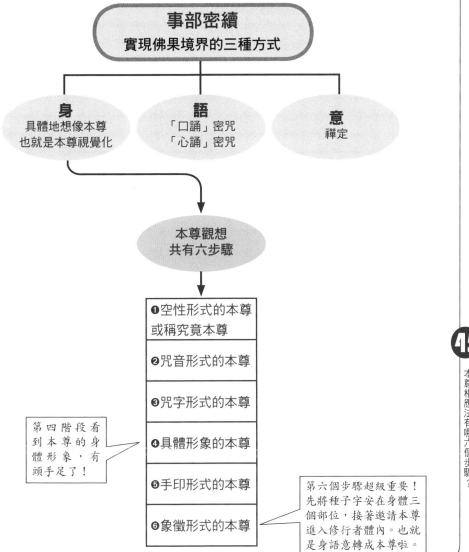

事部密續
實現佛果境界的三種方式

身
具體地想像本尊
也就是本尊視覺化

語
「口誦」密咒
「心誦」密咒

意
禪定

本尊觀想
共有六步驟

❶空性形式的本尊
或稱究竟本尊

❷咒音形式的本尊

❸咒字形式的本尊

❹具體形象的本尊

❺手印形式的本尊

❻象徵形式的本尊

第四階段看到本尊的身體形象，有頭手足了！

第六個步驟超級重要！先將種子字安在身體三個部位，接著邀請本尊進入修行者體內。也就是身語意轉成本尊啦。

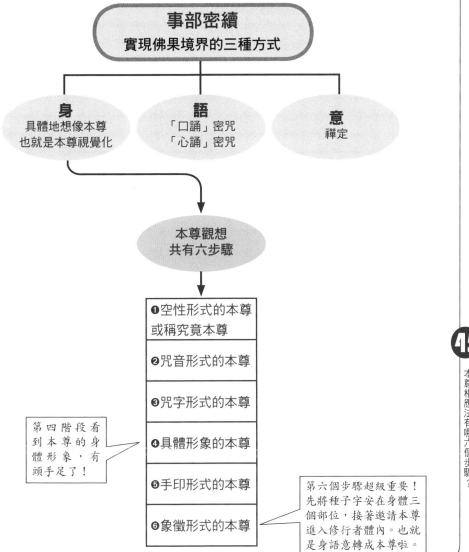

本尊相應法六個步驟

1 空性形式的本尊 或稱究竟本尊

冥想「空性」與「本尊」，視一切外在現象的本質是相同，所以自身與本尊的空性無二一味（one taste）

2 咒音形式的本尊

想像本尊與自己的咒音迴盪（只有「音」沒有「字」）

3 咒字形式的本尊

想像咒音化成字體的形式立在白色的月輪（由「音」轉成「字」）

4 具體形式的本尊

轉換咒字成具體形象的本尊（將「咒字」轉成「具體形象的本尊」）

5 手印形式的本尊

修行者結適當的手印（修行者進行肢體動作）

6 象徵形式的本尊

想像自己身體頂輪、喉輪、臍輪安上唵啊吽三個種子字（這三個種子字就是「本尊的象徵」）

無上瑜伽行者的最高密法

壇城是本尊居住的聖潔境域？

壇城，或稱曼荼羅（梵語Mandala的音譯），意指「圓輪具足、聚集、壇城」等意，引申成「佛的集合與徹悟的本質」。壇城大多是方形、三角形或圓形等圖案，有秩序規則地排列成複雜的圖案。

●壇城是金剛乘的中心要素，代表宇宙真理的圖繪

壇城的圖像乃是依據本尊儀軌（也就是圖像繪製的規則）嚴格細心創製，可做觀想之用。壇城在古印度意指國家的領土與祀神的祭壇，是金剛乘的中心要素，為一種表示宇宙真理的圖繪，被認為是法界的表徵，亦即是外在的大宇宙和內在小宇宙呼應的空間。宇宙的諸法實相一個接一個被具體地擬像化成為許多佛與菩薩，且都住進壇城的宮殿之內。簡單來說，我們可將創製的壇城比喻成「本尊居住的地方」，而本尊的眷屬與其他諸尊，井然有序圍繞於他的四周。**透過壇城的觀想，西藏佛教的信眾可以將這個空間作為密法修行的道場。**在金剛乘理論中，佛陀會轉化成本尊的形式來教導較高層級的密續，他顯現在個別的壇城中，有時會與共修佛母進行悲智雙運，例如無上瑜伽密續中的五位金剛。

●壇城的種類

壇城有多種象徵法，包括：❶神祇的形象，清楚描繪出主尊的面容與身形，稱為「大壇城」。❷或是以諸神祇的手持物作為代表，比如金剛鈴、金剛杵、智慧劍、蓮花，這種方式不見諸尊，但持物齊備的圖法，稱「三昧耶壇城」。❸僅以代表諸尊的梵文或藏文作為象徵，一字一尊，以固定的顏色與發音來象徵諸佛，稱「法壇城」或「種子字曼荼羅」。

壇城

Mandala = 壇城 = 曼荼羅（音譯）= 聚集 = 諸佛聚集的空間

原　意：Mandala原指乳酪製造的過程中，聚集在上層的最精醇者。

引申意：❶ 聚集發生、無比至極或是獲得本質之意。

　　　　❷ 用來比喻大徹大悟、無上正覺之境界。

　　　　❸ 本尊及其眷屬聚集證悟的場所。

使　用：❶ 修習密法時，防止魔障入侵干擾。

　　　　❷ 藉此觀修集中精神，專注於一。

壇城的種類

大壇城 Maha-mandala	三昧耶壇城 Samaya-mandala	法壇城 Dharma-mandala	羯磨壇城 Karma-mandala
又稱尊像曼荼羅	又稱象徵曼荼羅	又稱文字曼荼羅	又稱立體曼荼羅
諸佛菩薩的形像	諸尊的法器與印相	諸尊的種子字	諸尊立體形象 （指威儀、動作）
這是最常見的壇城		梵文或藏文	多指雕像

46

壇城是本尊居住的聖潔境域？

47

無上瑜伽行者的最高密法

什麼是自生壇城？什麼又是對生壇城？

修行者一旦觀想自己是本尊，就會產生自生壇城與對生壇城。

●國王、臣相、百姓

事部密續主要在於觀想本尊的具體形象、供養本尊與祈求本尊。在這個階段，本尊宛如國王，而修行者如同百姓。修行者對本尊必須恭敬順服，不能觀想自己為本尊。不能觀想自己為本尊是事部密續的特色，修行者與本尊的關係要到行部密續才會有更密切的開展。

在行部密續，修行者可以將自己觀想為本尊。一旦，觀想自己為本尊，就會形成所謂的「自生壇城」以及「對生壇城」。雖然形成自生壇城與對生壇城了，但是在這個階段不具備迎請「智慧本尊」降臨的力量。智慧本尊是居住在法界的本尊，祂就是空性智慧的象徵。此時本尊與修行者的關係宛如國王與丞相，這比國王跟老百姓的關係更進一步。

●迎請智慧本尊

在瑜伽密續，除了觀想自己為本尊，同時迎請法界的智慧本尊降臨，融入自生壇城和對生壇城。程序完成後，要恭送智慧本尊返回淨土。

最後是無上瑜伽部密續，這個階段觀想自生壇城與對生壇城，再迎請法界的智慧本尊降臨與融入。這裡不同於瑜伽密續的是，程序完成後不再請本尊回淨土，修行者即是本尊。

舊派與新派不同的看法

西藏金剛乘舊派與新派對於四部密續的看法略有不同。舊派的說法：事部密續主要的內容在於觀想本尊的具體形象、供養本尊，並向祂祈求。這個階段本尊宛如國王，修行者如同百姓，不能觀想自己為本尊。對於這點，新派有不同的看法。新派認為在事部密續就可以觀想自己為本尊。舊派與新派的不同無關對錯，只是修行的程序與進度不同而已。

自生壇城與對生壇城的關係

	觀想自己成為本尊	自生壇城	對生壇城	迎請智慧本尊	恭送智慧本尊
事部密續	不可	無	無	無	無
行部密續	可以	有	有，但無法與本尊相應	無	無
瑜伽密續	可以	有	有，而且與本尊相應	可以	必須
無上瑜伽密續	可以	有	有，而且與本尊相應	可以	無須

bye bye！

瑜伽密續最後必須恭送智慧本尊回淨土。

修行者透過觀修，形成自生壇城與對生壇城後，迎請智慧本尊降臨。

無上瑜伽密續最後無須請本尊回淨土，修行者就是本尊。

壇城的世界如何轉動？

無上瑜伽的壇城與二諦有密切的關係。在壇城世界裡，佛陀與修行者的關係就如同是勝義諦與世俗諦二者的轉換與互動。

佛教有二諦：世俗諦（The Conventional Truth）與勝義諦（The Ultimate Truth）。「諦」一字代表真理，簡單地說，二諦就是世俗的真理與勝義的真理。世俗諦是未達證悟境界的凡人所體驗的真理，可以用語言文字來陳述。與之對應的是勝義諦，是證悟者能體驗的真理，它超越了二元邏輯的概念分析，因此無法用語言文字陳述。勝義諦還有第一義諦的稱謂，「勝」一詞等同於「第一」。

●無上瑜伽與二諦的關係

到底無上瑜伽的修行與二諦之間有何關係呢？在壇城裡的世界，佛陀與瑜伽行者的關係就如同是勝義諦與世俗諦之間的互動。密乘修行者在禪定觀修時，會透由意念創造理想的環境，即壇城（Mandala）。壇城的世界並非靜止的，在瑜伽行者的觀想之下，它會緩慢地轉動，它的世界裡佈滿不同身形的諸尊，中心是最重要的本尊守護神，祂通常就是佛陀所轉換的身形。距離中心越遠，其純淨的本質也隨之減弱。**壇城中心與邊緣的關係，宛若佛陀的聖境與瑜伽行者的俗境，這如同宇宙最後的真理勝義諦與人世間的真理世俗諦之間的相應與互動。**勝義諦是宇宙最後的真理，是聖者所知的真理，是指諸法實相，也就是空性。因為它是究竟真實，所以位於壇城的中心。世俗諦是人世間的真理，是凡夫所知的真理，可以依據言語陳述的真理，它在壇城的邊緣。最後修行者與本尊兩相呼應，即是勝義諦與世俗諦融合為一，無分中心與邊緣。

世俗諦與勝義諦的比較

佛教有二諦：世俗諦和勝義諦（第一義諦）。世俗諦是指凡夫所認知的真理；勝義諦是指聖人所認知的真理。

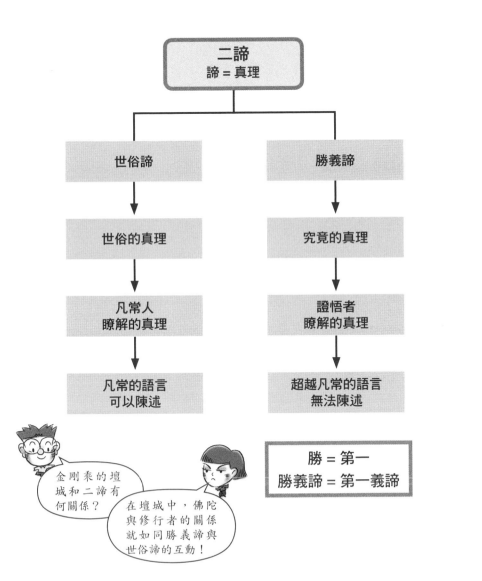

二諦
諦 = 真理

世俗諦

世俗的真理

凡常人
瞭解的真理

凡常的語言
可以陳述

勝義諦

究竟的真理

證悟者
瞭解的真理

超越凡常的語言
無法陳述

勝 = 第一
勝義諦 = 第一義諦

金剛乘的壇城和二諦有何關係？

在壇城中，佛陀與修行者的關係就如同勝義諦與世俗諦的互動！

壇城的轉動

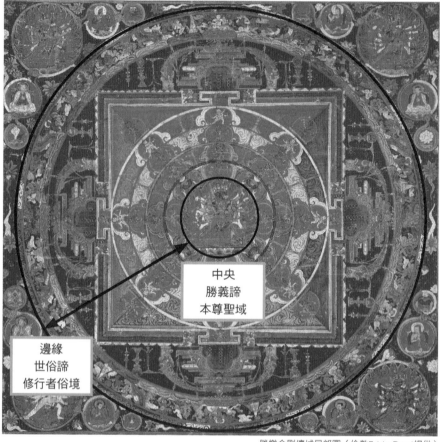

中央
勝義諦
本尊聖域

邊緣
世俗諦
修行者俗境

勝樂金剛壇城局部圖（倫敦Fabio Rossi提供）

1. 壇城並非靜止的，在瑜伽行者的觀想下，它會緩慢轉動。

2. 中央是最重要的本尊，也是最純淨的聖域，越往邊緣走，純淨本質就越減弱。

3. 壇城的中央與邊緣的關係＝佛陀的聖境與瑜伽行者的俗境＝勝義諦(宇宙的真理)與世俗諦(人世間真理)的互動

4. 修行的最後境界是：本尊與修行者相應為一＝勝義諦與世俗諦融合為一＝中央與邊緣沒有分別

氣、脈、明點是金剛乘身心系統的基礎？

金剛乘的身心系統理論是源自於印度瑜伽理論，其中包含以氣、脈、明點為基礎的動能網絡。

●氣、脈、明點

金剛乘對於身體的看法與現代醫學有極大不同，其中，身心系統理論乃源自於印度瑜伽，即指氣、脈、明點等概念所建立的動能網絡。氣、脈、明點的梵文分別是Prana、Nadi、Bindu，藏文分別是lung、tsa、tikle。西藏這套身心系統的理論很接近中國傳統醫學中的氣和脈，而氣脈的運用方式與過程也與中國道家的看法頗類似。但西藏對於氣與脈二者的關係有個特殊比喻：人體是一座城市，脈是道路，氣是馬，心識是騎士。也就是說「騎士騎著馬在城市中的道路奔跑」，等同於「心識騎著氣在人體的脈中流動」。

●時輪金剛密續如何談氣脈明點？

《時輪金剛密續》認為人體內共有七萬二千條微細的脈，主要的脈只有三條，分別是中脈、左脈和右脈；中脈和脊椎骨平行，左、右脈在中脈的兩側。左、右脈盤繞中脈，在若干點上形成一系列的「結」。沿著中脈分布有若干「脈輪」，從脈輪也分出很多脈，有如雨傘的傘骨。

七萬二千條脈分佈於身體，在其內流動的是載滿能量的風，而風的能量是人體最重要的一部分。左脈、右脈在脊椎的兩側，中脈於中間但略微朝前。中脈由生殖器穿過身體的中間部位直到「頂輪」，在頂輪方微微向前彎曲，並且在雙眼之間停下來，這個位置也就是「眉間輪」。白色的左脈由左鼻孔處延伸到中脈底端下一個手指頭寬的地方。紅色的右脈與之對稱，由右鼻孔向下延伸。人體的左、右、中脈與宇宙的星體相互呼應，左脈呼應月亮，右脈呼應太陽。這也是源自於十一世紀印度的星球概念。

此外，還有兩顆非常特殊的假想星體羅睺星（Rahu，意思是咆哮者）與劫火星（Kalagni，意思是時間與火），它們會影響中脈的不同部位。位於人體肚臍上方的中脈部位會受「羅睺星之蝕」的影響，據說天體的日蝕或月蝕現象都是因為這顆羅睺星造成的。位於肚臍下方區域的中脈則受「劫火星之蝕」的影響，劫火星是一個類似慧星的假想星。《時輪金剛密續》提到羅睺星與劫火星兩個星體的作用類似於月亮軌道的上升點與下降點，它們相會交叉與黃道呈180度角分開。總之，天體與人體之間都有對應規律，這是《時輪金剛密續》的特色之一。

氣、脈二者的關係

人體宛若一座城市，氣與脈的關係就如同汽車與道路的關係，亦即氣在人體的脈中流動，就像汽車在城市的道路上奔馳。

人體真的有七萬二千條微細的脈？

在古代印度，要指稱為數甚多時，習慣使用某些數字來形容，例如「八萬四千」，這並非真指這個數字。如果想表達數目更多，則以「恆河沙數」來比喻。例如：形容「須彌山」的高度為八萬四千由旬，說壽命極長稱八萬四千歲。八萬四千的用法還有，八萬四千法門、八萬四千之塵勞（意指煩惱甚多）。金剛乘說人體內共有七萬二千條微細的脈，或許也是類似的比喻。

無上瑜伽行者的最高密法

七輪：密集金剛密續的脈輪說

重要的脈輪說有《時輪金剛密續》的「五輪說」與《密集金剛密續》的「七輪說」。先來看《密集金剛密續》如何談七輪。

身體內有七萬二千條微細脈，最重要的是中、左、右三脈，而三脈的樞紐位置是脈輪。每個脈輪有不同的脈瓣。最重要的脈輪是大樂輪、受樂輪、正法輪、變化輪、護樂輪、寶間輪與眉間輪。

❶大樂輪（The Wheel of Great Bliss）

共三十二個脈瓣，位於頭的頂端。大樂輪的名稱的由來是因為它的中央有大樂基礎的白色明點物質。大樂是至善的喜悅。在頭頂的部位是至善盡美的大樂之處！

❷眉間輪（A Wheel Between The Brows）

共十六個脈瓣，在眉間位置。

❸受樂輪（或譯受用輪，The Wheel of Enjoyment）

共十六個脈瓣，位於喉間。「受樂輪」原本的意思是帶有「享受」與「令人滿意愉快」的雙重意義。它亦被稱為享樂輪，是因為這是體驗味道的地方。

❹正法輪（The Wheel of Phenomena）

位於心間。共八個脈瓣。正法輪其實譯為「現象輪」會比較貼近原意。這裡是最細微意識（Mind）與極細微氣（Wind）所在的位置，是一切現象的根源。

❺變化輪（The Wheel of Emanation）

變化輪在太陽神經叢（Solar Plexus），共六十四脈瓣，位於肋骨下方與肚臍之間。「太陽」說明此處如同太陽能量，如同花叢、草叢般的散射狀態，展開脈輪分支的六十四支脈。變化輪是舊譯，但原意是能量產生與散發之處，稱為「散射輪」更為妥當。在這個地方

七輪與體驗四喜的相關位置

	位置 脈瓣數目	意義	紅白相遇 的觀點	體驗四喜 的相關位置
大樂輪 the wheel of great bliss	頭部頂端 32脈瓣	大樂之處	白色元素 聚集之處	
眉間輪 A wheel between the brows	雙眉之間 16脈瓣			
受樂輪 （受用輪） the wheel of enjoyment	喉間 16脈瓣	體驗味道 享樂之處		喜 Joy
正法輪 （現象輪） the wheel of phenomena	心間 8脈瓣	最細微意 識與氣所 在之處	紅白相遇	勝喜 Supreme Joy
變化輪 （散射輪） the wheel of emanation	太陽神經叢 （約在腹臍處） 64脈瓣	產生並散發 能量之處	紅色元素 聚集之處	極喜 Special Joy
護樂輪 （海底輪） the wheel of sustaining bliss	脊椎底 32脈瓣	護持最深層 喜悅之處		
寶間輪 the wheel in the middle of jewel	性器官的頂點 16脈瓣			俱生喜 Innate Joy

無上瑜伽行者的最高密法

可以藉由瑜伽修行點燃拙火（內火，Inner Fire），以及促使大樂生起（Generate The Great Bliss）。

❻護樂輪（The Wheel of Sustaining Bliss）

在脊椎底，共三十二個脈瓣。這裡是維持喜悅的脈輪，是維持最深層喜悅（The Deepest Level of Bliss）之處！它位於脊椎底部，在古代印度視為能量儲存的重要位置，是生命力、肉體能量的維護中心。在印度還有另一個名稱是「軍荼利」（Kundalini），或稱「海底輪」與「根輪」（Base Chakra）。

❼寶間輪（The Wheel in The Middle of Jewel）

在性器官的頂點（Tip），共十六個脈瓣。

太陽神經叢（Solar Plexus）的確切位置是否與臍輪（Navel Chakra）的位置一致？

依據《時輪金剛密續》的說法，臍輪是拙火瑜伽引發的位置，是產生能量的位置。在《密集金剛密續》則認為太陽神經叢是產生能量的源頭。再看看古印度脈輪的說法是：「中脈」共有七個關竅，梵文中為「輪」或「光輪」之意。這七個光輪由下而上依次稱為第一輪（海底輪）、第二輪（臍輪）、第三輪（太陽神經叢）、第四輪（心輪）、第五輪（喉輪）、第六輪（第三眼）、第七輪（頂輪）。如果依據這個論點，臍輪與太陽神經叢位置是有出入。其實比對所有相關的脈輪說法，如時輪金剛、拙火瑜伽、四喜瑜伽與密集金剛，它們對於位置的描述略有出入，顯見不同的理論系統有不同的看法。

五輪:時輪金剛密續的脈輪說

「五輪」的看法是依照神經中樞,從頭頂的頂輪、喉輪、心輪、臍輪一直到脊椎底部海底輪等五個脈輪。這與七輪的說法略有出入。

無論是《時輪金剛密續》的五輪或是《密集金剛密續》的七輪都是源自於印度的脈輪觀念,兩者間的差異並不大。「脈輪」與整個身體就是一座「壇城」這個概念,再配合六大(地、水、火、氣、脈、明點),使得密續整個概念更加完備。而無上續瑜伽密續最關鍵的發展是認為透過瑜伽禪定技法,將心念專注於脈輪上,細微意識就有機會顯現。

●脈輪的解說不同

不同的瑜伽行者對於身體認知的差異,對於脈輪的結構與隨著脈輪顯現徵候的順序便有不同的看法。在《密集金剛密續》、《時輪金剛密續》和「大圓滿法」各有各的解釋方法。例如《密集金剛密續》認為頭頂上有三十二個脈瓣或脈輻,在咽喉則有十六個,而《時輪金剛密續》所持看法與此不同。此外,依據《密集金剛密續》的說法,死亡的分解過程共有八種徵候,而《時輪金剛密續》則說有十種徵候,順序上也有些微的差異。「大圓滿法」中也有其自己的說法。

其實,這些差異主要是針對**如何引出根本淨光心的顯現**,各自提出了不同的方法。引出根本淨光心的過程,《密集金剛密續》強調「氣瑜伽」。而在《勝樂金剛密續》中有「四喜」的生起。《吉祥喜金剛密續》則著重於忿怒母(Chandalc)的「拙火瑜伽」。《時輪金剛密續》則有定於空相的修法。而「大圓滿法」的特色是不藉助各種推理之法,只藉由專注於一,保持無念狀態,加上各種外在與內在的情況,即可引出根本淨光心。噶舉派的大手印(Mahamudra)中,也有類似的修行。

51

五輪與七輪的比較

位置 輪瓣數目	時輪金剛 五輪	密集金剛 七輪	人體位置 輪瓣數目
頭部頂端 16脈瓣	頂輪	大樂輪	頭部頂端 32脈瓣
		眉間輪	雙眉之間 16脈瓣
喉間 32脈瓣	喉輪	受樂輪 （受用輪）	喉間 16脈瓣
心間 8脈瓣	心輪	正法輪 （現象輪）	心間 8脈瓣
腹臍處 64脈瓣	臍輪	變化輪 （散射輪）	太陽神經叢 （約在臍輪處） 64脈瓣
		護樂輪 （海底輪）	脊椎底 32脈瓣
密處 生殖器脊椎底 32脈瓣	密輪	寶間輪	性器官頂點 16脈瓣

顯現根本淨光心的方法

不同的密續對脈輪的結構，與隨著脈輪顯現徵候的順序便有不同的說法，對於死亡過程有幾種徵候也有不同說法。其實這些差異是因為各個密續對於如何引出根本淨光心，各自提出了不同的方法。

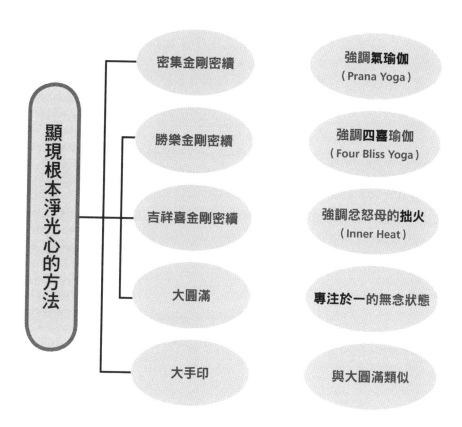

顯現根本淨光心的方法

密集金剛密續 —— 強調**氣**瑜伽（Prana Yoga）

勝樂金剛密續 —— 強調**四喜**瑜伽（Four Bliss Yoga）

吉祥喜金剛密續 —— 強調忿怒母的**拙火**（Inner Heat）

大圓滿 —— **專注於一的無念狀態**

大手印 —— 與大圓滿類似

五輪：時輪金剛密續的脈輪說

意識與氣是身心的兩大支柱？

意識驅使著氣，就像騎士騎乘著馬；而也如同馬承載著騎士一般，氣是支持意識的物質體。當人死時氣會衰竭，沒有氣的運轉，意識便會離開這個肉身。

《西藏生死書》把人體比喻作城市，脈是道路，氣是馬，心（意識）是騎士。意識駕馭氣，就像騎士騎在馬上。藉由氣所提供的能量，意識能觀察一切的萬物與現象。意識與氣不分離，彼此能互相影響。**如果氣不順暢，意識就像無力的騎士被狂亂的瘋馬載著奔竄，妄念會跟著生起而造成情緒的失控。**瑜伽行者的修習正是要避免這種情形的發生，他們熟悉體內的氣、脈、明點與其運作方式，竭力淨化身體內會引起煩惱妄念的業力能量。在學習自在運用氣、脈、明點的過程，逐漸達到心氣不二的境界。

騎士騎乘馬如同意識駕馭氣的比喻，淺顯易懂但實踐不易。氣是支持意識的物質體，人死時氣將衰竭，沒有氣的運轉，肉體會很快腐敗而且無法使用，這時意識會離開這個肉身。但是，最細微意識卻永遠不離開最細微的氣。最終，最細微意識（根本意識）與最細微的氣之間的親密關係，就如同一個不相異的個體。

意識、氣、脈三者的關係

西藏把人體中「意識、氣、脈」三者的關係比喻為城市中的「騎士、馬和道路」的關係。意識駕馭著氣在脈中流動，就像騎士騎著馬在道路上奔跑。

馬 = 氣
騎士 = 意識
騎士騎著馬 = 意識駕馭著氣

當人死亡時，氣會逐漸衰竭，肉體也漸漸敗壞，生前所仰賴的意識便會離開肉身，如同逐漸衰老的騎士。

只有最細微意識和最細微的氣永遠不會消失，這才是瑜伽行者要不斷強化訓練的地方。

氣有哪些類別？

無上瑜伽行者的最高密法

氣就在人體的脈裡流動。無上瑜伽密續認為氣可分為「五主氣」和「五支氣」。

「心氣不二」，即意識與氣不可分離，這是西藏金剛乘對於意識與氣的看法。意識有細膩的分類，與意識同等重要的氣也是相當複雜。人體的氣可分為「五主氣」（Major Energy Wind）和「五支氣」（Minor Energy Wind）。「五主氣」是五種不同性質的能量，支持五大（地、水、火、風、空）以及分別負責人體的某一項功能。而「五支氣」的功能則是讓五官正常運作。

依據傳統密宗的說法，身體內主要運行的五主氣是上行氣、下行氣、遍行氣、等住氣和持命氣，雖然尚有其他各種不同名目之氣，極為複雜，但在這裡我們聚焦討論五主氣。

第一，持命氣（Life-bearing Wind）：負責維持生命的特質，主要位置是心中的脈。

第二，下行氣（Downward-voiding Wind）：具備向下的性質，主要位置是下腹的脈。

第三、等住氣（Fire-dwelling Wind）：含藏熱能的特質，是熱能的儲存中心，主要位置是太陽神經叢的脈。

第四、上行氣（Upward-moving Wind）：具備向上的性質，主要位置是喉輪的脈，與下行氣的運作相反。

第五、遍行氣（Pervasive Wind）：具有蔓延的特質，主要位置是關節。

五主氣

無上瑜伽密續認為氣可分為五主氣（Major Energy Wind）和五支氣（Minor Energy Wind）。五主氣支持五大（地、水、火、風、空），並分別負責人體的一種功能。五支氣則使得五官順利運作。

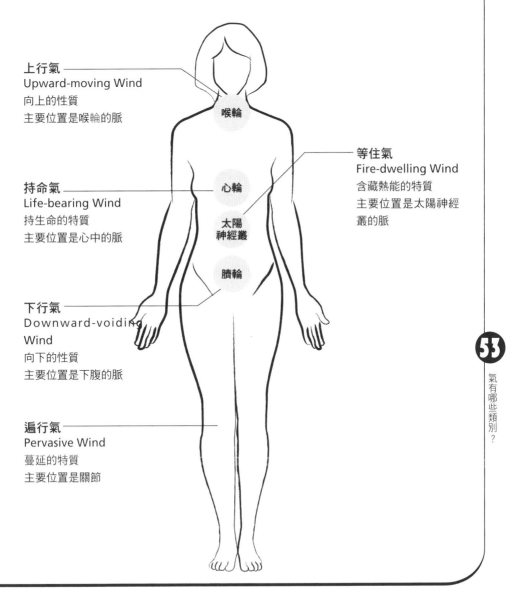

上行氣
Upward-moving Wind
向上的性質
主要位置是喉輪的脈

喉輪

等住氣
Fire-dwelling Wind
含藏熱能的特質
主要位置是太陽神經
叢的脈

持命氣
Life-bearing Wind
持生命的特質
主要位置是心中的脈

心輪

太陽
神經叢

臍輪

下行氣
Downward-voiding
Wind
向下的性質
主要位置是下腹的脈

遍行氣
Pervasive Wind
蔓延的特質
主要位置是關節

53

氣有哪些類別？

無上瑜伽行者的最高密法

解脫必經的祕密通道就在於中脈上？

平時，氣不會在中脈運轉，除非到了臨終的時候。禪定甚深的瑜伽行者會利用瑜伽技巧讓氣導入中脈，當氣在中脈運轉，就會引發細微意識的顯現。

一般人是無法將氣導入中脈，這與脈結（Channel Knot）的構造有相當大的關係。

●脈結如何影響氣進入中脈？

脈結是如何形成呢？以位在心臟部位的左脈、右脈和中脈而言，左、右兩脈都會纏繞中脈「三次」，每個脈自己還會再纏繞一次，然後向下方走。因此，在心臟部位前前後後總共造成了「六次」的折疊與壓縮，造成了中脈的堵塞。除了心臟部位，其他如眉間、頭頂、喉嚨、太陽神經叢、脊椎底與密處等部位的中央，也都會發生左、右脈纏繞中脈的現象。這種左右兩脈脹滿氣壓縮在中脈而形成堵塞的現象，稱為「脈結」。

如果不解開脈結，氣是無法進入中脈的。對一般人而言只有在臨終階段，「四大」地、水、火、風逐漸消融到最後時，做為承載、驅動意識的氣（即「四大」裡的風）便自動進入左脈與右脈，然後在那裡開始消融。接著，左右脈的氣再進入中脈開始消融。當氣進入中脈之後就是清淨的智慧氣。

●禪定甚深的瑜伽行者如何將氣導入中脈？

禪定甚深的瑜伽行者不必等到臨終，在平時禪定觀修時便可利用瑜伽技巧讓氣導入中脈。他們會讓左、右脈洩氣，使得被壓縮的脈結鬆開，這樣中脈就自由了，氣也就可以自在疏通了。當氣在中脈運轉，即會引發細微意識的顯現，此時瑜伽行者就可以利用細微意識作為證悟之道。這是無上瑜伽行者在生前竭盡所能所能達到的境界，只是此時，最細微意識也只能一瞥而已。若要完全體驗與證悟最細微意識，必須等到臨終的那一刻。

如何打開脈結，讓氣進入中脈？

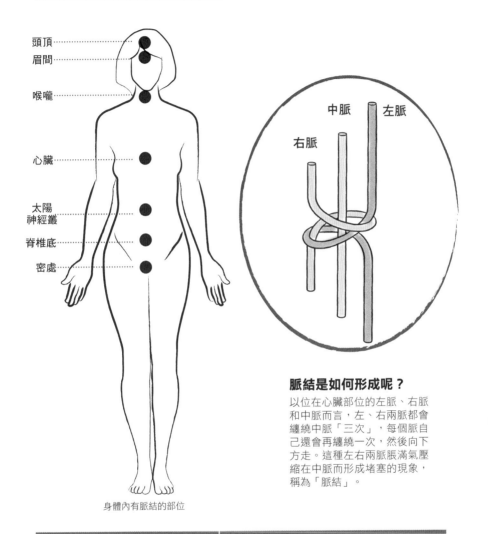

頭頂
眉間
喉嚨
心臟
太陽
神經叢
脊椎底
密處

身體內有脈結的部位

右脈　中脈　左脈

脈結是如何形成呢？

以位在心臟部位的左脈、右脈
和中脈而言，左、右兩脈都會
纏繞中脈「三次」，每個脈自
己還會再纏繞一次，然後向下
方走。這種左右兩脈脹滿氣壓
縮在中脈而形成堵塞的現象，
稱為「脈結」。

一般人	瑜伽行者
在臨終時，脈結會自動解開，氣會自然進入中脈。	在生前，運用瑜伽訓練讓脈結鬆開，氣便能進入中脈，一窺最細緻意識。

解脫必經的祕密通道就在於中脈上？

181

無上瑜伽行者的最高密法

什麼是紅白明點？是聚集於脈輪的生命能量？

氣是一股流動於脈輪的生命能量，當氣聚集在「脈輪」的中心位置，即稱為「明點」。

●氣、脈、明點

西藏所講的氣、脈、明點，與道教修行所談的有些部分很相近。道教修行認為守住丹田之後會感覺丹田處慢慢有亮光出現，接著成為一個亮團。這個亮團會隨著靜坐的人的意念而周遊全身，而且可以用意念控制它。古代有人稱之為「丹」，也有人稱之為「火」。類似這種對生命能量的描述與解釋，也見於無上瑜伽密續，但說法並不完全相同。

密續認為氣是一股流動於脈裡的生命能量，當氣聚集在「脈輪」的中心位置即稱為「明點」（藏語tikle）。簡單來說，明點就是聚集於「脈輪」的生命能量。「明點」藏在脈輪中，分成「白明點」和「紅明點」兩種，俗稱「白菩提」和「紅菩提」。白明點主要是由頭上位置的頂輪所主導，紅明點則是太陽神經叢所主導，大約接近臍輪的位置。每一個明點都是白頂紅底的結構，它們是肉體與心靈健康所依賴的基礎。氣、脈、明點構成無上瑜伽行者的神經系統，修行者在禪修過程中會把這個系統觀想得非常清楚，他們透過禪定的力量，把氣導入中脈而後分解，就有些微的機會直接體驗心性的「明光」，「根本淨光心」。

紅白明點

明點就是聚集於「脈輪」的生命能量。「明點」藏在脈輪中,分成白明點和紅明點兩種。白明點主要由頭上的頂輪主導,紅明點則由太陽神經叢主導,大約接近臍輪的位置。

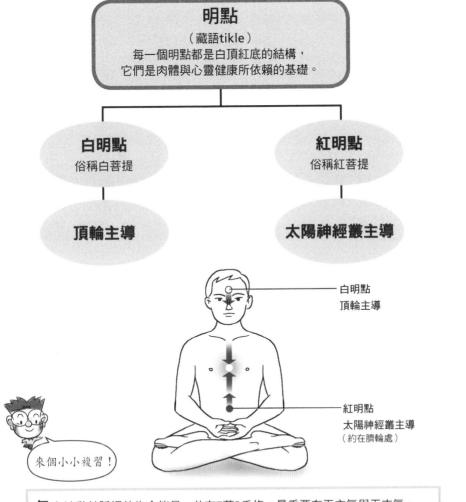

明點
(藏語tikle)
每一個明點都是白頂紅底的結構,
它們是肉體與心靈健康所依賴的基礎。

白明點
俗稱白菩提

頂輪主導

紅明點
俗稱紅菩提

太陽神經叢主導

白明點
頂輪主導

紅明點
太陽神經叢主導
(約在臍輪處)

來個小小複習!

氣:流動於脈裡的生命能量,共有7萬2千條。最重要有五主氣與五支氣。

明點:聚集於脈輪中的生命能量,最重要的有白明點、紅明點與不壞明點。

無上瑜伽行者的最高密法

不壞明點含藏最細微意識嗎？

在臨終過程中，心的部位有一粒細微的物質明點，這裡含藏人類平常狀態最細微的意識，它是「最根本明點」或稱「不壞明點」。

●心的部位有一粒細微的物質明點

人體內，位於「頭部」位置是以白色的生命元素（能量）為主導，稱為白明點。而在「太陽神經叢」的位置是以紅色的生命元素為主導，稱為紅明點。無論是白明點或是紅明點，以及所有其他的明點都是源自於心臟部位的一個「最根本明點」（The Most Basic Drop），又稱為「不壞明點」（Indestructible Drop）。不壞明點，是不滅不壞、永恆不變的。不壞明點據說是在心的部位，第十四世達賴喇嘛認為不應該把這個心當成我們通常說的器官心臟。「心」在這裡有不同的意思，有時「心」用來指中心部位。所有一切的明點都是由一顆「心」中部位的最根本明點（The Most Basic Drop）展開而來的，這個最根本明點的大小如同一粒小豆子。

●最根本明點的特質

關於這個最根本明點有三項特質：

第一，最根本明點也是白頂紅底的結構。
第二，位於心中的根本明點，是不滅不壞的，它會一直維持到生命結束之後仍繼續存在。
第三，五種主氣中極細微的「持命氣」就居藏於不壞明點之中。在臨終時，所有一切流動的氣都會融入這個不壞明點，並在同一時間內顯現死亡淨光。

不壞明點的特徵

所有的明點都是源自於心臟部位的一個「最根本明點」，又稱為「不壞明點」。
在臨終時，所有一切流動的氣都會融入這個不壞明點，並在同一時間顯現死亡淨
光。

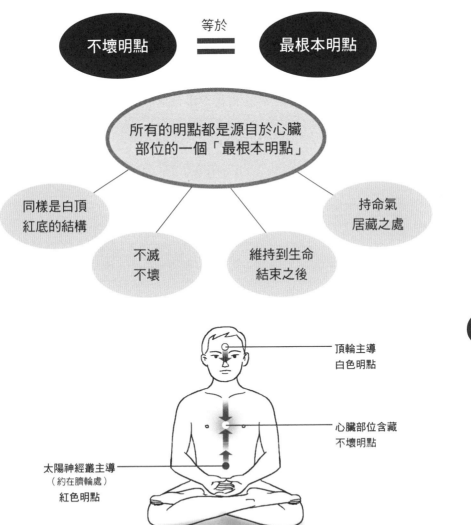

56

不壞明點含藏最細微意識嗎？

紅白明點相遇是臨終者體悟心念本性的時刻

當紅明點和白明點在心輪會合時，臨終者所經驗到的就像是天與地會合，感受到「一團漆黑」，好像是籠罩在一片漆黑的天裡。

●在死亡過程與胚胎發展過程中的白明點與紅明點

《密集金剛密續》提到，在臨終過程進行四大溶解時，粗重意識和情緒都會逐一分解，臨終者會自然地來到微細的意識層面，此時中脈裡的紅白明點開始移動。而這個過程正好是受孕過程的倒轉。讓我們先認識受孕的過程：來自父母的精蟲和卵子結合時，意識在業力推動下，就進入受精卵。接著，在胚胎的發展過程中，來自父親的白明點，它是白色且喜悅的核子，就駐留在中脈頂端的頂輪中；來自母親的紅明點，它是紅色而溫熱的核子，就駐留在臍輪附近。

●白明點下降

死亡過程就和上述的受孕過程恰恰相反。當支撐意識的氣消失之後，源自於父親的白明點，會從頂輪沿著中脈下降到心輪。外在的徵象是「一片白色的景象」，如同秋季天的天空充滿著白光，而且無雲、無塵。內在的徵象是覺察力變得非常清晰，由三十三種「瞋」所產生的一切意念此刻全都停止運作。這個階段稱為「白顯相」。

●紅明點上升

接著，源自母親的紅明點，也在支撐意識的氣消失之後，會從臍輪沿著中脈上升到心輪。外在的徵象是「一片赤紅」的體驗，這時整個天空將會佈滿紅色的天光。其內在的徵象是快樂的強烈經驗，因為由四十種「貪」所產生的一切意念在此刻全都停止運作。這個階段稱為「紅增相」。

體驗紅白明點相遇的徵候

《密集金剛密續》提及，在死亡過程裡，當支撐意識的氣消失之後，源自父親的白明點會沿著中脈下降到心臟，源自母親的紅明點，就沿著中脈上升。兩者會在心輪會合，此時的經驗就像是天與地會合。外在徵象是經驗到「一團漆黑」，就好像是籠罩在一片漆黑中。而內在的徵候是經驗到沒有絲毫意識的心境。

白顯相

33種「瞋」所產生的一切意念都停止運作

黑近成就心

7種「痴」所產生的一切意念都停止運作

紅顯相

40種「貪」所產生的一切意念都停止運作

頂輪

心輪

臍輪附近

❶ **白明點下降**
源自父親的白明點，在支撐它的氣消失之後，就沿著中脈下降到心輪。

❸ **紅白明點相遇**
當紅明點和白明點在心輪會合時，意識就被包圍在它們的中間。
這時候的經驗就像是天與地會合。

❷ **紅明點上升**
源自母親的紅明點，在支撐它的氣消失之後，就沿著中脈上升到心輪。

57

紅白明點相遇是臨終者體悟心念本性的時刻

無上瑜伽行者的最高密法

紅白明點相遇

●紅白明點相遇

當白明點和紅明點在心輪相合時，意識就被包圍在它們的中間。這時候臨終者所經驗到的就像是天與地會合，外在的徵候是經驗如同**黃昏過後黑暗遍佈的天空**，而內在的徵候是經驗到沒有絲毫意念的心境。由「痴」所產生的七種意念於此刻全都停止運作。這個階段稱為「黑色近成就心」。

●體驗死亡淨光

接著意識會稍微醒過來，根本明光這時就會出現，就像**清淨的天空，沒有雲、霧與煙**。這時的狀態顯現的是最細微的意識，稱為根本淨光心或死亡淨光。這個意識是最內層的細微意識，我們可以稱它為佛性，它是一切意識的真正來源。對於無上瑜伽行者來說，這種心識的連續狀態（Continuum of Mind），可以延續到成佛。

58

「菩提」一詞在金剛乘裡別有所指？

菩提一詞在顯教中是指一顆求取正覺成佛的心。在密乘裡，菩提涉及體內能量的描述，與內分泌有某種程度的關係。

密續的單字或詞語有時會有多種層面的意義，一般有四種：文字義（文字慣例與文法結構）、普遍義（外三密的共通意義）、隱藏義（涉及無上瑜伽經典或外三密的隱藏意義）與究竟義（涉及「淨光」或「圓滿融合為一」相關的意義）。例如常見的菩提一詞，在顯教與密教就有不同的意涵。

●紅白菩提和觀修氣脈系統有關

菩提（Bodhi）在顯教的解釋是一顆求取正覺成佛的心，表示從污染迷惑中體悟四聖諦。在密乘的領域，菩提一詞涉及體內能量的描述，據說與內分泌有某種程度的關係。前面多次提及，當氣聚集在脈輪時，稱為明點。而位於頂輪的白明點與臍輪的紅明點是兩個很重要的明點，涉及臨終時細微意識的體悟。與紅白明點相當，另一個常見的語詞是紅菩提和白菩提。白菩提主要的匯集中心是在人體頭部的頂輪，紅菩提則在臍輪。修行者透過禪定的力量，把氣導入中脈而後分解，就可以直接證悟心性的「淨光」。一旦涉及淨光的討論，則必須以究竟義的層面去理解。

●情欲是可轉變成清淨智慧的，兩性裸露圖像象徵慈悲與智慧

此外，紅白菩提有時亦可象徵兩性的內分泌或是體液（精液、經血）。雖然有些學者並不認同，但在某些層面上這樣的說法還是可以接受的，因為這些體液涉及了生理欲望，同時具備了巨大的潛藏能量，符合金剛乘無上瑜伽的理論。由這裡可看出，菩提一詞的意義在顯密之間顯然有極大不同。

對於體內私密部位與內分泌的描述，密乘也會以隱喻的方式描述，

58

無上瑜伽行者的最高密法

例如充滿情欲的雙修圖像即是最好的例子。這種人類自然法則的男女親密影像，來到了密乘的世界，代表的是慈悲（男性）與智慧（女性）的象徵。

一定要特別注意密教系統內認為情欲並不可怕，反而是一股潛藏而且有用的力量。密乘修行者認為情欲是可轉變成清淨智慧的。因此，男性與女性的裸露圖像最重要的是「慈悲與智慧」的抽象意境，而非單純從表象上看到的兩性歡樂。此外，兩性之間的私密之處有時也會以隱喻的方式說明，例如：以金剛杵影射男性的生殖部位，以蓮花說明女性的生殖部位。這種隱喻方式與以紅白菩提象徵女性與男性內分泌（體內能量）或是體液是類似的。如此男女親密圖像的表達，因風俗不同與情欲看法的差異，在漢地的發展顯然保守許多。

你我的菩提不同

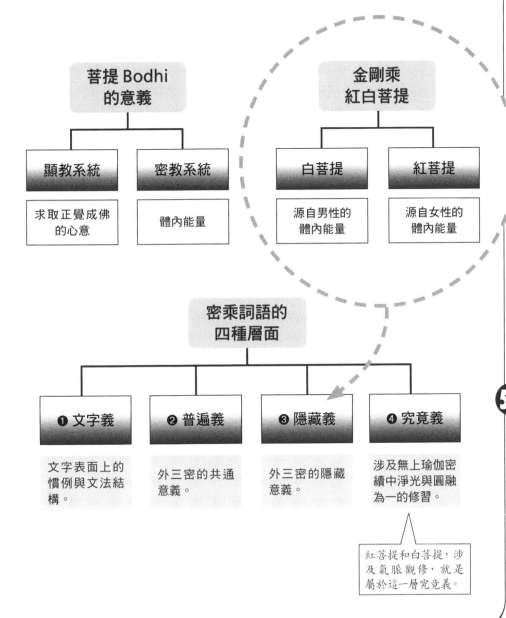

菩提 Bodhi 的意義

- 顯教系統
  - 求取正覺成佛的心意
- 密教系統
  - 體內能量

金剛乘 紅白菩提

- 白菩提
  - 源自男性的體內能量
- 紅菩提
  - 源自女性的體內能量

密乘詞語的四種層面

- ❶ 文字義
  - 文字表面上的慣例與文法結構。
- ❷ 普遍義
  - 外三密的共通意義。
- ❸ 隱藏義
  - 外三密的隱藏意義。
- ❹ 究竟義
  - 涉及無上瑜伽密續中淨光與圓融為一的修習。

紅菩提和白菩提，涉及氣脈觀修，就是屬於這一層究竟義。

58

「菩提」一詞在金剛乘裡別有所指？

無
上
瑜
伽
行
者
的
最
高
密
法

無上瑜伽行者如何練習停止粗重意識？

每個人在臨終過程中，紅白明點是會自動相遇的。但是無上瑜伽行者在生前不斷練習，試圖移動紅白明點，來停止粗重意識的運作。

●如沒有瑜伽訓練，粗重意識停止的時候我們無法覺知，也無法主動運用細微意識的力量

意識包括了粗重意識、細微意識與最細微意識。其中，細微意識的修持能力較強，而體驗最細微意識是生命的終極目標。當人能進入細微意識的時候，粗重意識自然停止。可是，問題是一般人是無法覺知粗重意識什麼時候會停止，更別說能主動運用細微意識的力量。唯有透過特定的瑜伽訓練，人們才有可能控制並且停止粗重意識，更重要的是能夠**維持清醒去體驗細微意識**。當粗重意識停止時，細微意識自然而然就會明顯且活躍地顯現出來。細微意識的特質是活躍、敏銳、清晰，它可以在最後臨終階段轉化成空性智慧。

那瑜伽行者如何停止粗重意識呢？要停止粗重意識，必須試圖去移動紅白明點。也就是試圖將白明點從頂輪下移到心輪，將紅明點由臍輪上移到心輪，兩者於心輪相遇而消融。當紅白明點在體內溶解之後，喜悅的無想狀態將自然生起。請注意！這種喜悅的狀態可以發展成為空性體驗，此時瑜伽行者可以「將妄見轉化成了悟空性的智慧」。這種透由喜悅的意識去體悟空性，所產生的智慧是異常地強大。達賴喇嘛十四世說：「**妄見轉化成智慧，因此摧毀了妄見。性欲轉化成空性的喜樂，因此溶解了性衝動。**」他以寄生在木頭上的昆蟲吃光賴以維生的木頭來比喻：運用妄見是證悟之道不可或缺的一部分。這正是密乘獨一無二的特點。

瑜伽行者為何要移動紅白明點？

當紅白明點在心輪相遇而消融時，喜悅的無想狀態會自然生起，而讓你體驗到空性，此時會發生兩件事：

1. 妄見轉化成智慧，因此摧毀妄見。
2. 性欲轉化成空性的喜樂，因此溶解了性衝動。

頂輪主導
白色明點

心臟部位含藏
不壞明點

太陽神經叢主導
（約在臍輪處）

紅色明點

達賴喇嘛說：這好比是寄生在木頭上的蛀蟲，最後會吃掉賴以為生的木頭。

人體內有八個細微的物質明點

《時輪金剛密續》提到人體內有八個細微的物質明點，它們是細微意識與氣的支持，就好比粗重的肉體支持我們的心一般。

●八個明點的位置

八個物質明點位在我們身體的重要部位，共分成兩組。第一組位於前額、喉間、心、臍處。第二組位於臍處、密處（脊椎底部）、性器官的中央、性器官的頂點。八個不同明點會製造不同的狀態。位於前額與臍處的明點，製造清醒的狀態。位於喉間與密處的明點，製造睡夢的狀態。位於心與性器官的中央的明點，製造熟睡的狀態。位於臍處與性器官的頂點，製造性樂的狀態。在所有的明點之中，最特殊的明點是臍處，既可製造**清醒的狀態**，也是製造**性樂的狀態**。

●每個明點都有純淨與不淨的力量

每一個明點都有純淨與不淨的力量：**人們在醒著的時候**，上半身的氣聚集在前額，下半身的氣聚集在臍處。純淨的力量可以產生純然的物像顯現（Appearance），不淨的力量產生不淨的物像顯現。**人們在睡夢中**，上半身的氣聚集在喉間，下半身的氣聚集在密處。純淨的力量產生純然的聲音，不淨的力量產生混亂的聲音。

當熟睡時，上半身的氣聚集在心，下半身的氣聚集在性器官的中央。純淨的力量產生無概念的清明，不淨的力量產生迷惑。**當性欲燃起時**，上半身的氣聚集在臍處，下半身的氣聚集在性器官的頂點。純淨的力量產生喜樂，不淨的力量產生性液的分泌。

傳統時輪金剛的修行就是要淨化四種明點，分別是：❶淨化前額與臍處產生不淨的物像的明點。❷淨化喉間與密處產生錯謬語言明點。❸淨化心與性器官的中央產生迷惑的明點。❹淨化臍處與性器官的頂端產生性液的分泌的明點。

如何淨化八個物質明點？

八個細微的物質明點位在身體的八個重要部位，這些部位都是不淨的部位，需要予以淨化，同時也是可被運用的潛力部位。

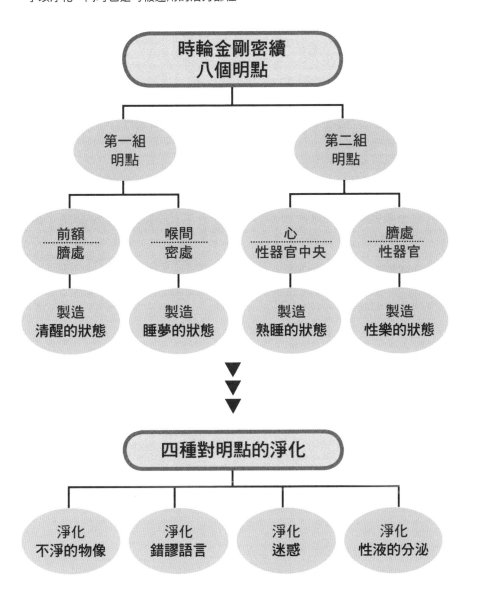

無上瑜伽行者的最高密法

什麼是拙火瑜伽？

「拙火」是人類生命中與生俱有的本然之火，可由太陽神經叢的位置生起。當真正的拙火開啟時將會產生生命最大、最奇妙的喜樂。

●拙火瑜伽屬於「那若六法」之一

「拙火」是人類生命中與生俱有的本然之火，是至高的本覺能量，藏語稱為Tummo。據說當真正的拙火開啟時，將會產生生命最大、最奇妙的喜樂。至於「拙火瑜伽」是一個微妙法門，它能生起我們身體腹部這股與生俱有的能量，藉由這股能量穿透身體中央的中脈，打開糾纏身心的脈結，使我們有機會得到明光的覺性智慧，同時體驗「四喜」。拙火瑜伽是「那若六法」的成就法之一，是修心氣合一之法，能轉業識及業氣成為智慧及明光。所謂「那若六法」是指金剛乘的六種成就法，包括：❶拙火、❷幻身、❸夢境、❹明光、❺中陰、❻遷識。

●認識拙火瑜伽的程序

拙火瑜伽或稱「內熱瑜伽」（Inner Heat Yoga），主要有三個程序，在最後第三程序可以產生四種喜樂。其程序如下：

程序一：這是一種專注的瑜伽訓練，過程中瑜伽行者將生起所謂的「內熱」。一開始拙火是在太陽神經叢（Solar Plexus）的位置生起，然後沿著中脈向上移動。

程序二：內熱來到頭部，就將頂輪中的白明點融化。頂輪即是大樂輪（The Wheel of Great Bliss），位於此處的白明點被隱喻為月亮，也被稱為證悟心（Mind of Enlightment）。當白明點融化後，內熱開始沿著中脈向下流動。

程序三：內熱沿著中脈經過喉輪、心輪、臍輪與密輪，依序體驗四種喜樂，也就是喜（Joy）、勝喜（Supreme Joy）、極喜（Special Joy）與俱生喜（Innate Joy）。

拙火瑜伽如何生起內熱？

「拙火瑜伽」可以生起我們身體腹部與生俱有的能量，藉由這股能量穿透身體中央的中脈，打開糾纏身心的脈結，使我們有機會得到明光的覺性智慧，同時體驗四喜。

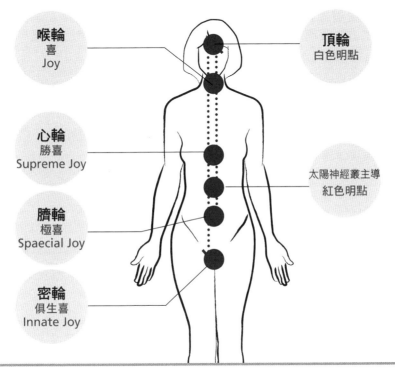

喉輪
喜
Joy

頂輪
白色明點

心輪
勝喜
Supreme Joy

太陽神經叢主導
紅色明點

臍輪
極喜
Spaecial Joy

密輪
俱生喜
Innate Joy

程序❶
瑜伽行者生起「拙火」的內熱。拙火在太陽神經叢的位置生起，然後沿著中脈向上移動。

程序❷
內熱來到頭部，將頂輪的白色明點融化後，內熱開始沿著中脈向下流動。頂輪即是大樂輪，位於此處的白明點被隱喻為月亮。

程序❸
內熱沿著中脈經過喉輪、心輪、臍輪與密輪，依序體驗四種喜樂，也就是喜、勝喜、極喜與俱生喜。

61

無上瑜伽行者的最高密法

粗重意識轉化為細微意識有哪些方法？

想要把粗重意識轉化成細微意識，有三種常見的方法：（1）氣瑜伽（Pranayoga）、（2）產生四喜（Four Blisss）的體驗、（3）加速發展無概念分別的狀態（The State of Non-Conceptuality），即「大圓滿法」。這三者都是屬於圓滿次第的修行法門。

氣瑜伽談的是「修氣」技巧（即指脈、氣、明點的氣），其目的是解開氣脈上堵塞的脈結，如此才能讓氣導入中脈，引發細微意識的顯現。

四喜瑜伽談的是「修點」技法（即指脈、氣、明點的明點），過程論及四種空性的體悟，這時是氣入中脈「之後」所生起的體驗。

至於大圓滿法的特色是不藉助邏輯推理的方法，**只藉助專注於一，保持無念、開展無想的狀態**，這個修行法門不同於氣瑜伽或四喜瑜伽的「漸進式」，而是立刻到達的「立斷」（Breakthrough，藏語tekcho）。大圓滿修行的重點是在一開始即藉由個人原始的覺知直接獲得明光，也就是「淨覺」。有關淨覺的概念，請聯想無上瑜伽的根本淨光心，它們二者之間在意義上是近似的。

●最終目的在於引出根本淨光心

這三種法門都可以引出根本淨光心，只不過各家提出不同的方法而已。然而每一種法門的修行者都必須對氣、脈、明點有深入的瑜伽訓練，才能讓體內粗重意識的能量消解退去，轉化成細微意識，最後追求根本淨光心。

在五部密續中，《密集金剛》便是採用氣瑜伽，而《勝樂金剛》則是著重四喜的生起。另外，《吉祥喜金剛》也是不可忽略的教法，著重於忿怒母（Chandalc）的拙火瑜伽(詳見單元61)。至於大圓滿法，或者是噶舉派的大手印（Mahamudra），對於引出根本淨光心也有類似的修行。

轉化粗重意識的三種常見方法

無上瑜伽行者轉化粗重意識有三種法門：

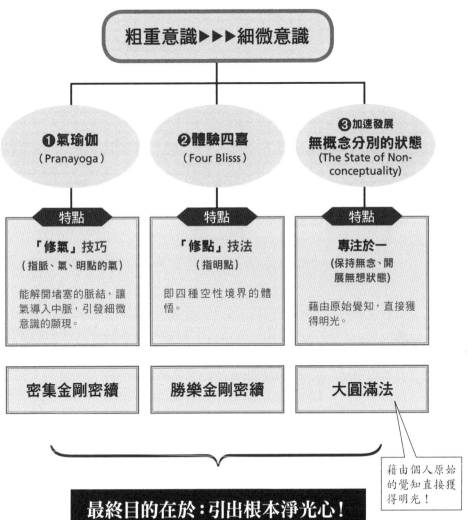

粗重意識▶▶▶細微意識

❶氣瑜伽
（Pranayoga）

特點

「修氣」技巧
（指脈、氣、明點的氣）

能解開堵塞的脈結，讓氣導入中脈，引發細微意識的顯現。

密集金剛密續

❷體驗四喜
（Four Blisss）

特點

「修點」技法
（指明點）

即四種空性境界的體悟。

勝樂金剛密續

❸加速發展
無概念分別的狀態
(The State of Non-conceptuality)

特點

專注於一
（保持無念、開展無想狀態）

藉由原始覺知，直接獲得明光。

大圓滿法

藉由個人原始的覺知直接獲得明光！

最終目的在於：引出根本淨光心！

63

無上瑜伽行者的最高密法

大圓滿法如何體悟根本淨光心？

大圓滿法是西藏寧瑪派中最高的修行法門，被視為寧瑪九乘之冠。大圓滿的修行之道完全仰賴淨覺，將無始以來一直存在於每個人的淨覺赤裸無遮地顯現出來。

大圓滿乘（Great Perfection Vehicle，藏語dzogchen）是西藏寧瑪派中最高的修行法門，即所謂的瑪哈底瑜伽（Mahatiyoga），內容共有三種，分別是精髓教導的類別、意識的類別與空間的類別。舊譯典籍稱這三類為：要門部（Mengakde）、心部（Semde）與界部（Longde）。其中，精髓教導的類別最為深奧，意識與空間類別則是立斷（Breakthrough，藏語tekcho）法門的基礎。

●淨覺與根本淨光心

為什麼叫「大圓滿」呢？因為生死涅槃的一切真理都圓滿具足於這個空智之中，故名圓滿。又解脫生死的任何方法都無法超越此法，故名大。大圓滿源自於阿底瑜伽（Atiyoga）的傳統，被視為寧瑪九乘之冠。阿底瑜伽是一種甚深的瑜伽修行，學習將無始以來一直存在於每個人的淨覺（Pure Awareness，藏語rigpa）赤裸無遮地顯現出來。

大圓滿的修行之道完全仰賴淨覺。當淨覺被直接引導出來之後，藉助淨覺的體驗再進行深層的修行。淨覺與無上瑜伽的淨光心是近似的。**無論是無上瑜伽或是大圓滿法，都涉及對與生俱有的根本淨光心的體驗，但是兩者對於根本淨光心體驗的方法是不同的。無上瑜伽密續對於根本淨光心的發展與強化是漸進的。大圓滿不是漸進式，而是立刻到達的（立斷）**，是在一開始即透過個人原始的覺知直接獲取明光的，也就是淨覺。

無上瑜伽密續與大圓滿法

無上瑜伽密續或是大圓滿法對於根本淨光心的體驗方法是不同的。無上瑜伽密續對於根本淨光心的發展與強化是漸進的。大圓滿不是漸進式，而是立刻到達的（立斷），強調透過個人原始的覺知直接獲得明光，也就是淨覺。

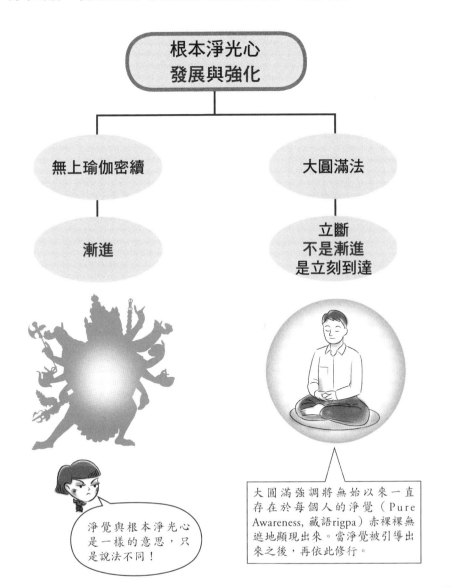

根本淨光心
發展與強化

無上瑜伽密續

大圓滿法

漸進

立斷
不是漸進
是立刻到達

淨覺與根本淨光心是一樣的意思，只是說法不同！

大圓滿強調將無始以來一直存在於每個人的淨覺（Pure Awareness, 藏語rigpa）赤裸裸無遮地顯現出來。當淨覺被引導出來之後，再依此修行。

無上瑜伽行者的最高密法

●認識寧瑪九乘

寧瑪派的教法全部包括在九乘三部，九乘包括顯三乘（聲聞乘、緣覺乘、菩薩乘）、外密三乘（事部、行部、瑜伽部）和內密三乘（瑪哈瑜伽、阿努瑜伽、阿底瑜伽）。其中，阿底瑜伽還有重要的三部，包括：心部（Semde）、界部（Longde）和要門部（Mengakde），此即大圓滿教法。

寧瑪九乘

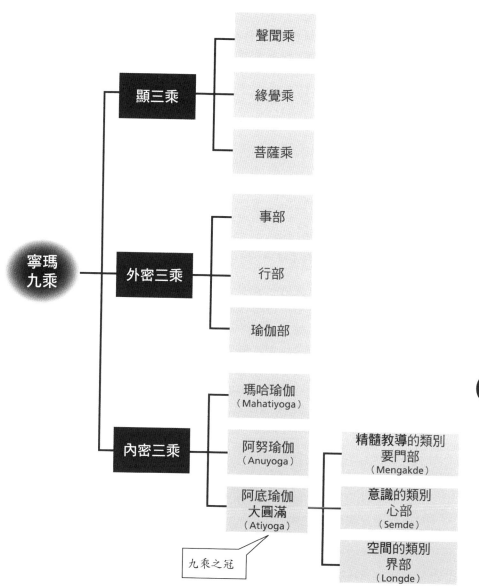

寧瑪九乘

顯三乘
- 聲聞乘
- 緣覺乘
- 菩薩乘

外密三乘
- 事部
- 行部
- 瑜伽部

內密三乘
- 瑪哈瑜伽（Mahatiyoga）
- 阿努瑜伽（Anuyoga）
- 阿底瑜伽 大圓滿（Atiyoga）
  - 精髓教導的類別 要門部（Mengakde）
  - 意識的類別 心部（Semde）
  - 空間的類別 界部（Longde）

九乘之冠

大圓滿法如何體悟根本淨光心？

203

無上瑜伽行者的最高密法

大手印如何展開無想的狀態？

將心專注於一個境，學習體悟沒有二元分別概念的狀態，持之以恆，就有可能開展無想狀態。

提及「大手印」就會讓人自然連想到噶舉派，這個教派看似複雜，但如果細看他們所宣揚的教義，基本上大同小異，都是馬爾巴（Marpa）與密勒日巴（Milarepa）的傳承，**還有以龍樹的中觀論為基礎而創立的「大手印」，這是一種「顯密兼修」的教法。**

大手印與氣瑜伽、四喜瑜伽都有部分相同的程序，但最不一樣的地方是大手印的顯密兼修，不僅有顯教大手印，也有密教大手印。當然，在修行次第上必先進行顯教部分的修行，再進入脈、氣、明點的密教修行。如果鈍根修行者無法將氣導入中脈，暫且先修行顯教大手印。而利根修行者因為前世或此生已經有優秀的修行成果，能夠專注於一，讓氣導入中脈，體悟更細微的意識運作。

●起手的關鍵在於專注於一

大手印如何開展無想的狀態呢？**首先修行者要把自己的思想（心）專注在「一個地方」，即專注於「一個境」，藉此讓自己的思想不亂，不起分別心，**如此練習的目的是盡量讓自己去體悟沒有二元分別概念的狀態，持之以恆，就可以達到所謂的「禪定的境界」。然後，從頭到腳去觀察那顆安住於「境」的「心」，「那個心」究竟是在身外？還是身內？**當你發現任何地方都找不到那顆心時，就可體悟這顆心並非「實有」而是「空」。**在這之後，仍然繼續針對這個「非實有的心」進行修習。

接著進入「密」的修行部分。這時候「大手印」所談的是氣入中脈融化後，所產生的大樂明光。**在修行的過程中，必須先見「本來心」，有人認為這就是「最細微的心」（阿賴耶識），雖有細微差異但也可聯想「根本淨光心」的意思。**如此，專注彼心之力，引氣入中脈，安住融化。再由此力點燃並啟動臍間的拙火，引起四喜，讓本來心轉成大樂。這是以此心緣真空性，達到樂空無別的智慧。接著再以四瑜伽（專注、離戲論、一味、無相）的次第獲得成就，這就是樂空雙運的大手印，能斷一切障礙。

噶舉派大手印的修行方法

大手印法

依據藏文，大手印應該翻譯為「大印」（Great Seal）意思是：究竟自性「封印」於一切現象上，所有的人、事、物全都屬於空性智慧的範疇。

❶ 專注於一

1 將心專注於一個境，學習體悟沒有二元分別概念的狀態。
2 持之以恆，就可以達到「禪定的境界」。
3 觀察那顆安住於「境」的「心」，究竟是在身外？還是身內？
4 當你發現任何地方都找不到那顆心時，就能體悟這顆心並非「實有」而是「空」。
5 在這之後，繼續針對這個「非實有的心」進行修習。

顯

❷ 引息入中脈 安住融化

1 燃發並啟動臍間的拙火。
2 引起四喜（喜、勝喜、極喜與俱生喜），讓本來心轉成大樂。
3 接著再以四瑜伽（專注、離戲論、一味、無相）的次第獲得成就。

密

❸ 空樂無別

這種樂空雙運的大手印法，能斷一切障礙，已經是非常完整優秀的修行境界了。

什麼是「本來心」？

「本來心」，有人認為是「最細微的心」，也可聯想「根本淨光心」的意思。

無上瑜伽行者的最高密法

無上瑜伽行者所追求的二諦圓融是什麼？

「圓融」一詞的意思是「融合為一」，「一」即是「無二」，是不可分割的。二諦圓融，即是兩種真理融合為一。

無上瑜伽密續談到圓融，通常講的就是「二諦圓融」與「空樂圓融」。圓融的過程是融合，而結果是合而為一。當我們說二諦圓融，即是兩種真理融合為一，這是**中觀**重要的見解之一。而空樂圓融，即是空性（Empty）與大樂（Bliss）融合為一，這是金剛乘獨特之處。

在這個單元，我們先討論二諦圓融，也就是世俗諦與勝義諦的融合為一。世俗諦是世俗的真理，勝義諦是宇宙的究竟真理；前者是凡夫所知的真理，後者是聖者所知的真理。當凡夫的真諦與聖者所知的真諦合而為一，即是完美的二諦圓融。

雖然二諦圓融是指世俗真理與究竟真理的融合為一，但不同教派對於這兩種真理的解釋方式是有差異的。像**中觀應成派**對於究竟真理與世俗真理的定義是：任何經過究竟分析之後所出現的現象就被稱為勝義真理；任何經過世俗分析而建立現象就被稱為世俗真理。

第十四世達賴喇嘛指出：至於無上瑜伽密續對於究竟真理與世俗真理的看法就有所不同了。**舊譯教派**（即指寧瑪）的看法是：自然本有的是究竟真理，因為偶然條件新近產生的是世俗真理。到了**新譯教派**（噶舉、薩迦、格魯）又有點變化了，像是密集金剛密續以「明光」來闡述究竟真理，以「幻身」來闡述世俗真理。瞭解舊派與新派之間說法的差異，對無上瑜伽會有幫助的。

無上瑜伽所談的圓融，除了上述的二諦圓融之外，還有一個是空樂圓融，這也是非常重要，必須有透徹的認識。所謂空樂圓融是空性（Emptiness）與大樂（Bliss）的合而為一，是指了悟空性的智慧與深刻的大樂經驗合併為一。

無上瑜伽的圓融

圓融（Union）＝融合為一＝獨一的個體＝不可分割

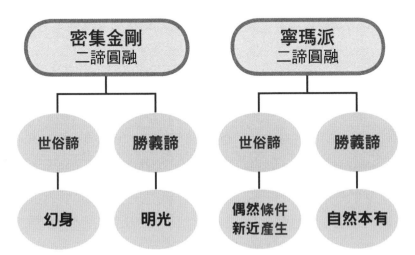

密集金剛
二諦圓融

世俗諦　勝義諦

幻身　明光

寧瑪派
二諦圓融

世俗諦　勝義諦

偶然條件
新近產生　自然本有

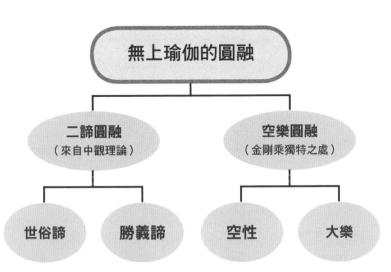

無上瑜伽的圓融

二諦圓融
（來自中觀理論）

空樂圓融
（金剛乘獨特之處）

世俗諦　勝義諦

空性　大樂

65

無上瑜伽行者的最高密法

什麼是空樂圓融？如何達到？

空樂圓融是空性與大樂融合為一。有兩個途徑：「先空後樂」與「先樂後空」。

先空後樂是先認識空性再獲得大樂的體驗。先樂後空是先有大樂的體驗，再逐次漸進地認識空性。簡單的說，前者是先了悟空性、獲得智慧，之後再產生大樂的體驗。後者是經過深刻的大樂經驗之後，再了悟空性。這兩種不同的體驗方法形成了兩類的修行法門。非無上瑜伽密續的修行者，多半是在中脈之內消融明點之後，先到達體驗大樂的心識狀態，接著再導入了悟空性的境界，也就是「先樂後空」。而無上瑜伽密續的修行者要求的是先認識空性，再體驗大樂，即「先空後樂」。這種情形是智慧與大樂是在單一的心識狀態得以了悟。無論如何，先空後樂和先樂後空兩者，**最關鍵的差異是對空性認識的完整與否。**

●瑜伽行派或中觀自續派：先樂後空

瑜伽行派或接近中觀自續派的修習過程，先體驗大樂，再逐漸了悟空性。其過程如下：

程序一：引燃內熱（即拙火，Inner Heat）或者是透過氣瑜伽打通身體脈輪。引燃內熱與氣瑜伽兩種方式所產生的能量都可貫穿中脈，這樣可以體驗明點融化並產生大樂。接著，溶解粗重意識（Mind）與驅動的氣（Wind）。

程序二：完成程序一之後，再結合不完整的空性認知與深層的禪修法門，達到對空性的一種比較細微層次的認知。如此在大樂的經驗之下，修行者會體認一切現象只不過是細微氣（The Subtle Wind）的運作與活動。

程序三：當有了「一切現象只不過是細微氣運作」的認知，修行者最後才有可能獲得空性最細微層面的認識，達到終極的空樂圓融境界。

空樂圓融的兩種路徑

空樂圓融是指空性與大樂的融合為一。獲得空性與大樂的順序有兩種不同走法：

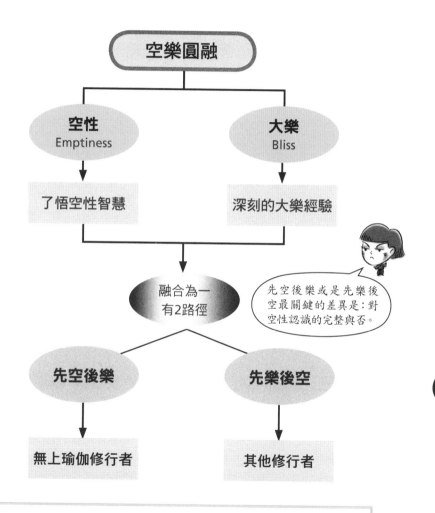

空樂圓融

空性
Emptiness

大樂
Bliss

了悟空性智慧

深刻的大樂經驗

融合為一
有2路徑

先空後樂或是先樂後空最關鍵的差異是：對空性認識的完整與否。

先空後樂

先樂後空

無上瑜伽修行者

其他修行者

這裡兩種不同的次序是 ：

❶ 先空後樂：了悟空性而獲得智慧 ➡ 產生大樂的體驗

❷ 先樂後空：深刻的體驗大樂 ➡ 了悟空性

無上瑜伽行者的最高密法

●無上瑜伽部或中觀應成派：先空後樂

無上瑜伽的修行者比較接近中觀應成派（Madhyamaka Prasangika）的次序，要先學習認識空性的智慧，接著才體驗大樂。請特別注意是要**完整地**認識空性，而非簡單**初步的**基礎認識。其程序如下：

程序一：先清楚地認識空性，接著才可以進入無上瑜伽的修行。

程序二：在實際禪觀「自我」或「我」的修法中，運用引燃內熱的技巧進行本尊相應法，或是運用細微能量穿透體內的明點。

程序三：修行者融化體內的明點，這時再結合最初生起的欲望能量，可獲得大樂的體驗。

程序四：修行者「重新體認」之前認識的空性，並結合大樂的經驗，最後達到空樂圓融的境界。

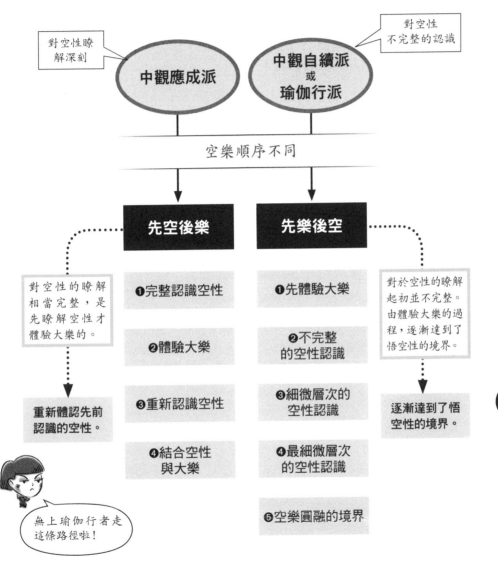

到達空樂圓融的兩種路徑比較

對空性瞭解深刻

中觀應成派

對空性不完整的認識

中觀自續派
或
瑜伽行派

空樂順序不同

先空後樂

對空性的瞭解相當完整，是先瞭解空性才體驗大樂的。

❶完整認識空性

❷體驗大樂

❸重新認識空性

❹結合空性與大樂

重新體認先前認識的空性。

無上瑜伽行者走這條路徑啦！

先樂後空

❶先體驗大樂

❷不完整的空性認識

❸細微層次的空性認識

❹最細微層次的空性認識

❺空樂圓融的境界

對於空性的瞭解起初並不完整。由體驗大樂的過程，逐漸達到了悟空性的境界。

逐漸達到了悟空性的境界。

什麼是空樂圓融？如何達到？

無上瑜伽行者如何體驗「大樂」？

基本上，無上瑜伽修行者是先空後樂，即先學習認識智慧空性，接著才可以有機會去體驗大樂。

無上瑜伽認為人的喜樂有三種：一種是「兩性親密行為」而獲得的喜樂，第二是「明點溶入中脈」而產生的喜樂，這時候也會伴隨著第三類喜樂，這是密乘「無上的喜樂」，此類喜樂已經是超越單純生理層面的喜樂。無上瑜伽修行者的喜樂指的就是後兩者，那是一種空樂圓融的境界。兩種圓融包含了體悟「空性智慧」（Wisdom Realize Emptiness）與經驗「俱生大樂」（Profound Experence of Bliss）。

●大樂與空性的體認

如右頁圖所示，無上瑜伽修行者要先學習認識智慧空性，接著才可以有機會去體驗大樂。體驗大樂的程序如下：

程序一：先清楚認識智慧空性，接著才能進入無上瑜伽的修行。

程序二：在實際禪觀「自我」（Self）或「我」（I）的修法之中，運用引燃拙火進行本尊相應法等等，或是運用細微能量來穿透體內的脈輪。

程序三：修行者融化體內的明點。這時再結合最初生起的欲望能量，即可獲得大樂的體驗。

程序四：修行者「重新體認」之前認識的空性，這時對空性的認識有了更透澈的體悟，再結合大樂的經驗，達到空樂圓融的境界。

什麼是「重新體認空性」？空性的體驗有何不同嗎？沒錯，在過程中，空性的理解是持續變化與增進的，空性的轉變過程如下所示：

運用不完整的空性認識（程序一）→獲得比較細微層次的空性認識（程序二）→最後達到最細微層次的空性認識（程序三）→體悟空樂圓融的理想狀態（程序四）

體驗大樂四部曲

無上瑜伽的修行者，要先學習認識智慧空性，接著才可以有機會去體驗大樂。

程序 **1** 先認識空性智慧

程序 **2** 禪觀「自我」（Self）
或「我」（I）

運用細微能量穿透
脈輪

兩種方法
▶▶▶ 引燃拙火　本尊相應法

程序 **3** 融化明點

中脈產生奇特的感受

生理上產生
大樂的強烈經驗

程序 **4** 「重新體認」
之前認識的空性

將心靈帶向一個細微的境界，充滿心理的喜悅。

空樂圓融！

慈悲可以加速「智慧的轉化」

無上瑜伽行者的最高密法

一個修行者必須先對「空性智慧」有正確的認識，再發「慈悲眾生」的菩提心，這兩者便是達到「顯密圓融」的穩固基礎。特別是慈悲，如同助燃器一般，能加速智慧的取得。

慈悲（compassion）一詞的意思是：深刻體會與悲憫他人的苦痛（a deep awareness of and sympathy for another's suffering）。更進一步說是**「給予眾生安樂與解脫」、「拔除眾生痛苦」**，也可以延伸至慈愛或悲憫他人的意思。而智慧（wisdom）一詞，在佛法裡並非指聰明才智，**而是體悟人生真理，透徹宇宙智慧的覺知能力。「慈悲與智慧」這組概念是了解藏傳佛教金剛乘思想的重要關鍵，千萬不要忽略了**。讓我們回顧一下慈悲在佛教發展過程中轉變的過程。

●佛陀時代釋迦牟尼佛的慈悲

兩千年前，釋迦牟尼以他的智慧與慈悲，達到「無我」的精神體驗。那個時代，釋迦牟尼開創了一套禪思與實修的方法，協助人瞭解無我、解脫與慈悲，而後發展成為現代的種種佛法。**其中透過慈悲去除我執，追求無我，是個重要的關鍵。**

我執是一種錯誤的認知，人們常常因為我執而陷於痛苦與孤獨之中。唯有洞悉這個錯誤，才有機會從苦境中解放出來，**方法是以慈悲眾生的體悟（無我）去取代孤立的感覺（我執），不再是「我」對抗「你」或「他」，而是「我們」能彼此相互關心，甚至感同身受他人的苦與痛，因此，慈悲是也一種利他的行動。**

●阿羅漢與菩薩的慈悲

回顧歷史，佛法盛行時代的印度就已經有許多阿羅漢，他們擁有聖潔、慈悲與實踐無私的美德，以溫和的方式改革社會，而備受世人的尊敬，**慈悲一詞已被人們所肯定**。接著大乘佛教發展出另一種解脫方法，誓願救度他人的修行者稱為「菩薩」，菩薩在眾生都獲得解脫之後，才追求自己的解脫，所以，成佛是不只是要自己解脫（自利），也要眾生一起解脫（利他）。**這時候，慈悲的重要性更為凸顯，菩薩的角色放大慈悲的能量。**

慈悲的四個發展階段

佛法發展過程中，一開始釋迦牟尼發現慈悲是去除我執，達到無我、解脫的最好途徑，從此，佛法一直以「慈悲」為提升心靈層次和追求解脫不可或缺的助力。特別是到了金剛乘，慈悲能巨大地影響人們加速進行心靈層面和生理運作的體悟。

四個階段	目的	重點	作用	特色
1 釋迦牟尼的慈悲	去除我執	無我	以慈悲對待眾生（無我）去取代孤立的感覺（我執）	心靈體悟
2 阿羅漢的慈悲	修行者擁有聖潔、慈悲與實踐無私的美德	個人解脫（自利）	慈悲已被人們所肯定	心靈體悟
3 菩薩的慈悲	誓願眾生都獲得解脫後，才追求自己的解脫	自利+利他	凸顯並放大慈悲的能量	心靈體悟
4 金剛乘的慈悲	追求無我的心靈體認，也進行生理的轉化（即脈、氣、明點的運作）。	即身成佛	慈悲是證悟加速的大能量	心靈體悟 ＋ 生理轉化

無上瑜伽行者的最高密法

●金剛乘的慈悲

再看金剛乘如何看待慈悲？佛教諸乘的終極目標都是體悟無上的「般若智慧」，重點都在開發「佛身」與「佛心」。但是在金剛乘的學習中，不僅在於心靈的修行，還包括今生肉體的提昇與轉化。

以菩薩乘來看，菩薩在「無盡輪迴」過程中，以智慧和禪觀修心，以慈悲與種種方便修身。再看金剛乘，對於修行之道有更精闢的知見。金剛乘一方面以慈悲來追求無我的精神體認，也進行生理的轉化（脈、氣、明點），這是金剛乘「證悟雙身」的特色，能同時獲得：「利他色身」（肉體）的成就與「自利法身」（精神）的成就。

●慈悲是修行密續的加速器

當一個人能體悟到他人的苦與痛，內心的憤怒與瞋恨就會漸漸消失，這是慈悲在精神層面的運用。然而金剛乘認為對空性有了正確的認識，再發慈悲眾生的菩提心，慈悲便能加速對空性智慧的體悟。除此之外，金剛乘密續更進一步地探索慈悲如何影響意識與生理運作的機制。

前面提過，金剛乘修行者先要認識粗重意識，如貪、瞋、痴等妄見，或是感官意識，努力學習將粗重意識轉化成為細微意識，如此才能提升修行者的潛能。例如「瞋恨」是修行者發菩提心最大的阻礙，而「慈悲」是對治瞋恨最有效的能量。透過慈悲去接受自己及他人的貪、瞋、痴等，然後再以無上瑜伽特有的生理轉化技巧（掌控脈、氣、明點）進行化解與轉化。此時便是進入無上瑜伽特有的雙修過程，過程中貪、瞋、痴等妄見將一一被慈悲轉化。而慈悲同時也能將兩性欲望轉化成空性的喜樂，因此而消解了性衝動，這就是金剛乘的修行者在無上瑜伽部深層的親密雙修。

最後，《密集金剛密續》提到，想要在明光中生起純淨的「氣」與「身」，生前必須不斷觀想自己具備「利他」的身心，利他就是一種慈悲的表現，可見慈悲是多麼的關鍵啊！

慈悲能加速無上瑜伽的修行

還記得時輪金剛嗎？他的五張臉代表五種負面能量，貪、瞋、痴、慢、疑等，可以透過慈悲被轉化為證悟的能量！這個轉化包括心靈的轉化與生理的轉化。

心靈層面	生理層面
❶接納他人的妄心妄見➡妄心妄見轉化成智慧！ ❷也接納自己的妄心妄見➡妄心妄見轉化成智慧！ ❸加速負面能量(貪瞋痴慢疑)轉化成正面的證悟能量	❶氣脈明點的轉化 ❷粗重意識➡細微意識➡最細微意識(即明光) ❸兩性欲望的喜樂➡空性的喜樂➡再消解掉性衝動

圖解系列　BB1004R

圖解無上瑜伽
金剛乘脫離輪迴的最高修行密法【暢銷經典版】

作　　　者	張宏實
策　　　劃	顏素慧
執行主編	曾惠君

藝術總監	邱梁城
版面構成	張淑珍
圖表繪製	張淑珍
封面設計	柳佳璋

發 行 人	蘇拾平
總 編 輯	于芝峰
副總編輯	田哲榮
業務發行	王綬晨、邱紹溢、劉文雅
行銷企劃	陳詩婷

出　　　版　橡實文化 ACORN Publishing
　　　　　　231030新北市新店區北新路三段207-3號5樓
　　　　　　電話：（02）8913-1005　傳真：（02）8913-1056
　　　　　　E-mail信箱：acorn@andbooks.com.tw
　　　　　　網址：www.acornbooks.com.tw

發　　　行　大雁出版基地
　　　　　　231030新北市新店區北新路三段207-3號5樓
　　　　　　電話：（02）8913-1005　傳真：（02）8913-1056
　　　　　　讀者服務信箱：andbooks@andbooks.com.tw
　　　　　　劃撥帳號：19983379　戶名：大雁文化事業股份有限公司

印　　　刷	中原造像股份有限公司
二版一刷	2021年7月
二版二刷	2024年1月
定　　　價	450元
I S B N	978-986-5401-68-9

國家圖書館出版品預行編目資料

圖解無上瑜伽：金剛乘脫離輪迴的最高修行密法
(暢銷經典版) / 張宏實作. -- 二版. -- 臺北市：橡
實文化出版：大雁出版基地發行, 2021.07

224面；17x22公分

ISBN 978-986-5401-68-9 (平裝)

1.藏傳佛教　2.佛教修持
226.965　　　　　　　　　　110007431